LA MONARCHIE

DE MONTESQUIEU

ET

LA RÉPUBLIQUE DE JEAN-JACQUES

PAR

FERDINAND BÉCHARD

ANCIEN DÉPUTÉ DU GARD

Extrait du CORRESPONDANT

PARIS

CHARLES DOUNIOL ET Cⁱᵉ, LIBRAIRES-ÉDITEURS

29, RUE DE TOURNON, 29

—

1872

LA MONARCHIE DE MONTESQUIEU

ET

LA RÉPUBLIQUE DE JEAN-JACQUES

PARIS. — IMP. SIMON RAÇON ET COMP., RUE D'ERFURTH, 1.

LA MONARCHIE

DE MONTESQUIEU

ET

LA RÉPUBLIQUE DE JEAN-JACQUES

PAR

FERDINAND BÉCHARD

ANCIEN DÉPUTÉ DU GARD

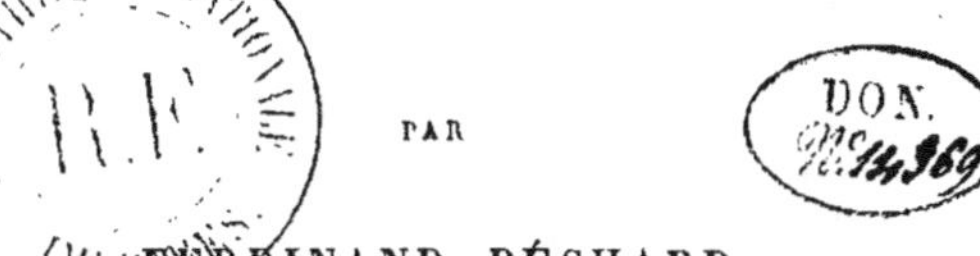

PARIS

LIBRAIRIE DE CHARLES DOUNIOL ET Cie, ÉDITEURS

29, RUE DE TOURNON, 29

1872

LA MONARCHIE DE MONTESQUIEU

ET LA RÉPUBLIQUE DE JEAN-JACQUES[1]

I

Condorcet révèle les plans politiques et économiques des philosophes du dix-huitième siècle dans les pages suivantes[2] :

« Il se forma, en Europe, une classe d'hommes qui, se dévouant à poursuivre les préjugés dans les asiles où le clergé, les écoles, les gouvernements, les corporations anciennes, les avaient recueillis et protégés, mirent leur gloire à détruire les erreurs populaires. En Angleterre, Bolingbroke ; en France, Bayle, Fontenelle, Voltaire, Montesquieu et leurs écoles combattirent en faveur de la liberté, employant tour à tour toutes les armes que l'érudition, la philosophie, l'esprit, le talent d'écrire peuvent fournir à la raison ; prenant tous les tons, employant toutes les formes, depuis la plaisanterie jusqu'au pathétique, depuis la compilation la plus savante et la plus vaste jusqu'au roman et au pamphlet du jour ; couvrant la vérité d'un voile qui ménageait les yeux trop faibles et laissait le plaisir de la deviner ; caressant les préjugés avec adresse pour leur porter des

---

[1] Notre ancien et regretté collaborateur, M. Ferdinand Béchard, qui a tenu, comme député et comme avocat à la Cour de cassation, une place si distinguée dans l'histoire de nos débats parlementaires et juridiques, a laissé un manuscrit qu'il destinait à compléter son grand ouvrage sur le *Droit municipal dans l'antiquité, au moyen âge et dans les temps modernes.* Ses fils, MM. Frédéric et Alphonse Béchard, qui s'occupent en ce moment de la mise en ordre et de la prochaine publication de ce volume, veulent bien nous en communiquer le chapitre suivant, que nos lecteurs, nous n'en doutons pas, accueilleront avec intérêt.

(Note de la Rédaction.)

[2] *Esquisse des progrès de l'esprit humain,* p. 257.

coups plus certains; n'en menaçant presque jamais ni plusieurs à
la fois, ni même un seul tout entier; consolant quelquefois les ennemis de la raison, en paraissant ne vouloir dans la religion qu'une
demi-tolérance, dans la politique qu'une demi-liberté ; ménageant le
despotisme, quand ils combattaient les absurdités religieuses, et le
culte, quand ils s'élevaient contre la tyrannie ; attaquant ces deux
fléaux dans leur principe, quand même ils paraissaient n'en vouloir
qu'à des abus révoltants ou ridicules et frappant ces abus funestes
dans leurs racines, quand ils semblaient se borner à en élaguer
quelques branches égarées ; tantôt apprenant aux amis de la liberté
que la superstition, qui couvre le despotisme d'un bouclier impéné-
trable, est la première victime qu'ils doivent immoler, la première
chaîne qu'ils doivent briser; tantôt, au contraire, la dénonçant aux
despotes, comme la véritable ennemie de leur pouvoir, et les effrayant
du tableau de ses hypocrites complots et de ses fureurs sanguinaires,
mais ne se lassant jamais de réclamer l'indépendance de la raison, la
liberté d'écrire, comme le droit, le salut du genre humain ; s'élé-
vant avec une infatigable énergie contre tous les crimes du fanatisme
et de la tyrannie; poursuivant, dans la religion, dans l'administration,
dans les mœurs, dans les lois, tout ce qui portait le caractère de l'oppression, de la dureté, de la barbarie ; ordonnant au nom de la
nature aux rois, aux guerriers, aux magistrats, aux prêtres de respecter le sang des hommes; leur reprochant avec une énergique sé-
vérité celui que leur politique ou leur indifférence prodiguait encore
dans les combats ou dans les supplices; prenant enfin pour cri de
guerre : *raison, tolérance, humanité.*

« Telle fut cette philosophie nouvelle, objet de la haine commune
de ces classes nombreuses qui n'existent que par les préjugés, ne
vivent que d'erreurs, ne sont puissantes que par la crédulité ;
presque partout accueillie, mais persécutée ; ayant des rois, des prêtres, des grands, des magistrats pour disciples et pour ennemis. Les
chefs eurent presque toujours l'art d'échapper à la vengeance, en
s'exposant à la haine ; de se cacher à la persécution, en se montrant
assez pour ne rien perdre de leur gloire.

« Souvent un gouvernement les récompensait d'une main, en
payant, de l'autre, leurs calomniateurs, les proscrivait et s'honorait
que le sort eût placé leur naissance sur son territoire, les punissait
de leurs opinions, et aurait été humilié d'être soupçonné de ne pas
les partager.

« Ces opinions devaient donc devenir bientôt celles de tous les
hommes éclairés, avouées par les uns, dissimulées par les autres avec
une hypocrisie plus ou moins transparente, suivant que leur caractère était plus ou moins timide et qu'ils cédaient aux intérêts oppo-

sés de leur profession ou de leur vanité. Mais, déjà cet esprit était assez puissant pour qu'au lieu de la dissimulation profonde des âges précédents, on se contentât pour soi-même, et souvent pour les autres, d'une réserve prudente. »

L'Académie française, fondée par le cardinal de Richelieu, et composée par lui de seigneurs de la cour, de ministres, d'évêques, d'hommes de lettres, devint, sous l'action de Voltaire, le foyer le plus ardent de la propagande philosophique. On voit celui-ci s'appliquer avec une ardeur persévérante, dans le choix des sujets offerts à l'émulation des concours et dans le recrutement des candidats aux fauteuils vacants, à accroître l'influence des philosophes et des économistes.

Il écrit à Duclos, le 11 août 1760 : « Il faut tout entreprendre pour introduire Diderot à l'Académie, intéresser madame de Pompadour, qui le fera agréer au roi. »

Il écrit à d'Alembert, secrétaire perpétuel : « M. Turgot succédera-t-il dans notre Académie à M. le duc de Saint-Aignan, qui était, je pense, son beau-frère? Il nous faut un homme qui *ose penser*, soit ministre, soit poëte tragique. Voilà que l'Académie se fortifie. Il faut que M. de Condorcet y entre. Vous en serez bien plus forts. Je vous remercie de votre bonne volonté pour l'apprenti prêtre et l'apprenti évêque d'Espagne. J'ai quelque lieu d'espérer qu'il fera un jour un prélat assez philosophe[1]. »

« Pourquoi, écrivait encore Voltaire à d'Alembert et à Helvétius, en mars et août 1701, pourquoi les adorateurs de la raison restent-ils dans le silence et dans la crainte? Ils ne connaissent pas assez leurs forces. Qui les empêcherait d'avoir chez eux une petite imprimerie et de donner des ouvrages utiles et courts, dont leurs amis seraient les seuls dépositaires? Ces petits livres, qu'on a soin de répandre partout adroitement, se succèdent rapidement les uns aux autres; on ne les vend point, on les donne à des jeunes gens et à des femmes. »

La correspondance de Voltaire avec son royal ami Frédéric II[2], notamment au sujet du renvoi de madame Du Barry dans un monastère, par ordre de Louis XVI, montre assez quel sens ils attachaient l'un et l'autre au mot fameux : « Écrasons l'infâme! »

« Le nom de l'infâme, écrivait Frédéric, est encore le mot de ralliement de tous les pauvres d'esprit et de ceux que la fureur du salut de leurs concitoyens possède. Je voudrais que le successeur de

[1] Lettres du 8 février, 17 mai et 18 décembre 1776.
[2] Lettres des 10 février, 5 mai, 19 juin, 30 juillet 1774 ; 12 février, 26 mars, 12, 23, 24, 29 juillet, 5 et 15 août 1775 ; 8 avril, 15 septembre, 26 décembre 1776 ; 26 mars, 17 juin 1777.

Louis XV eût traité Du Barry plus doucement. » Rassuré par les noms des nouveaux ministres de Louis XVI, Voltaire répondait : « Les prêtres sont au désespoir ; cependant, on n'ose pas encore se déclarer ouvertement. On mine en secret le vieux palais de l'imposture, fondé depuis 1775 années. » Le roi philosophe répliquait : « Il faut bien que notre frêle machine soit détruite par le temps..., mais cela ne m'embarrasse guère, pourvu que j'apprenne que le poëte de Ferney a eu quelques succès contre l'infâme, cela me suffit. Vivez, patriarche des êtres pensants, et continuez, comme l'astre de la lumière, à éclairer l'univers. Quoique je sois venu trop tôt, je ne le regrette pas : j'ai vu Voltaire. Vous êtes immortel, j'en conviens, divin patriarche des *incrédules*. Que la nature conserve *divus Voltarius !* »

Les disciples de Voltaire flattaient, à leur tour, son royal ami, et cherchaient dans la protection des cours un puissant moyen d'action. « Sire, écrivait d'Alembert au roi de Prusse, la philosophie a grand besoin de la protection aussi éclairée que puissante que Votre Majesté lui accorde. L'acharnement contre elle est plus grand que jamais, de la part des prêtres et des parlements. Je crois, Sire, que le seul parti à prendre, pour un philosophe, est de céder en partie et de résister en partie, de ne dire que le quart de la vérité, s'il y a trop de danger à la dire tout entière : ce quart sera toujours dit, et fructifiera sans nuire à l'auteur. Dans des temps plus heureux, les trois autres quarts seront dits à leur tour[1]. »

Dans une autre lettre, datée du 30 avril 1770, d'Alembert disait en confidence : « Le mot de l'énigme est, ce me semble, que la distribution des fortunes dans la société est d'une inégalité monstrueuse ; qu'il est aussi atroce qu'absurde de voir les uns regorger du superflu et les autres manquer du nécessaire. Mais, dans les grands États surtout, ce mal est irréparable, et on peut être forcé à sacrifier quelquefois des victimes même innocentes, pour empêcher que les membres pauvres de la société ne s'arment contre les riches, comme ils seraient tentés et *peut-être en droit* de le faire. »

D'Alembert respectait le peuple comme le droit de propriété. « Ce peuple, écrivait-il au même monarque, le 30 novembre 1770, est sans doute un animal bien imbécile. Mais offrez-lui la vérité : si cette vérité est simple, et surtout si elle va droit à son cœur, comme la religion que je propose de lui prêcher (celle du nivellement des fortunes), il me paraît infaillible qu'il la saisira et qu'il n'en voudra plus d'autre. Malheureusement, nous sommes encore bien loin de cette heureuse révolution. »

---

[1] Lettre au roi de Prusse, 14 septembre 1766.

II

L'école des économistes, qui eut pour chefs Quesnay et Gournay, s'associa aux novateurs de l'école philosophique et coopéra avec eux à l'œuvre encyclopédique.

Melon, ce sage disciple de Sully et de Colbert, qui ne se laissa leurrer qu'un moment par les théories de Law, Dupin, l'abbé Coyer, Forbonnais surtout, cet esprit mesuré, qui avait adopté, dans ses *Principes et observations économiques*, la devise : *Est modus in rebus;* tous ces réformateurs, qu'on appelle les *premiers économistes*, avaient su se préserver de l'attrait des utopies. Quesnay et Gournay, au contraire, rêvaient, au-dessus de la société réelle, traditionnellement basée sur l'inégalité des classes et sur des lois trop confuses pour n'être pas souvent contradictoires, une société imaginaire, dans laquelle tout serait simple, ordonné, uniforme, équitable, conforme à la raison, et ils cherchaient, dans la toute-puissance du gouvernement, le moyen de transformer leurs abstractions en réalités.

Le chef de la secte *physiocratique*, le docteur Quesnay, l'un des familiers de la marquise de Pompadour, écrivit, à Versailles, son *Tableau économique*, et c'est le roi qui, de ses mains, tira les premières épreuves [1].

La *physiocratie*, c'est-à-dire le gouvernement de la nature, repose sur cette donnée que la terre est la véritable source des richesses; qu'elle doit nourrir l'agriculteur sans aucun prélèvement possible sur le salaire qui est nécessaire à son existence, et que le seul impôt légitime, *non destructeur*, c'est l'impôt sur le revenu net du propriétaire, c'est-à-dire sur le produit brut de la terre diminué des avances permanentes ou annuelles faites pour obtenir la récolte [2]. L'excédant matériel de la quantité des produits est, dans ce système, le seul instrument de la richesse publique. Quesnay, fils d'un agriculteur habile, et passionné lui-même pour l'agriculture, formule sa pensée dans ses maximes xviii et xix en ces termes : « Qu'on ne fasse point baisser le prix des denrées; qu'on ne croie pas que le bon marché est profitable, même au peuple. » A ses yeux, le moyen de développer la production, c'est la libre concurrence des producteurs et le libre échange des produits. « La propriété, dit l'un de ses

---

[1] Dupont de Nemours, *Notice sur les économistes.*
[2] Quesnay, *Maximes générales.*

disciples[1], est la base de toute société, et l'échange, le lien de toute
société. » La monnaie est l'instrument de l'échange ; sa valeur est
à la fois le type, l'équivalent et la mesure la plus commode des autres valeurs ; elle sert de dénominateur commun à toutes choses et
active la circulation, qui doit être affranchie des entraves dont la législation entoure tous les produits du sol.

Les préoccupations exclusives des physiocrates en faveur de l'industrie agricole les amènent à ne reconnaître d'autre classe *pro-
ductive* que celle des cultivateurs, et à considérer comme *stériles*
toutes les autres professions industrielles et libérales, ce qui porte
atteinte à l'égalité des travailleurs devant la loi. De cette erreur fondamentale découle une double conséquence : c'est que, par l'exagération de l'impôt unique sur le produit net, le propriétaire peut
être réduit à déserter l'agriculture, et que le cultivateur peut se
trouver privé, faute de travail, de tout moyen d'existence.

De Gournay, fils de négociant et intendant du commerce, se place
à un point de vue tout différent. C'est moins dans les produits de la
terre qu'il voit les sources de la richesse publique, que dans la trans-
formation des matières premières par l'industrie et dans les échanges
commerciaux. Mais, d'accord avec Quesnay sur le principe économique, il pense « que les fabriques et le commerce ne peuvent fleurir
que par la liberté et la concurrence, qui dégoûtent des entreprises
inconsidérées et mènent aux spéculations raisonnables, qui prévien
nent les monopoles, qui restreignent à l'avantage du commerce les
gains particuliers des commerçants, qui aiguisent l'industrie, qui
simplifient les machines, qui diminuent les frais onéreux de trans-
port et de magasinage, qui font baisser le taux de l'intérêt : d'où
il arrive que les productions de la terre sont à la première main
achetées le plus cher qu'il soit possible au profit des consomma-
teurs, pour leurs besoins et leurs jouissances. » Il en conclut qu'il
ne faut jamais rançonner ni réglementer le commerce. Il en tire cet
axiome : *Laissez faire, laissez passer.*

Ainsi, les deux sectes d'économistes, qui avaient pris pour objec-
tif, l'une l'agriculture, l'autre le commerce, se réunissaient sur un
terrain commun, la concurrence sans frein ni limite.

La théorie économique de Law, dont l'influence n'a pas été moindre
que celle des précurseurs du libre-échange, repose, au contraire,
sur le principe de l'intervention de l'État dans les relations industrielles et commerciales des citoyens entre eux.

Ennemi déclaré de ce qu'on a appelé depuis la tyrannie du capi-
tal, Law a préparé, à son insu, la dangereuse théorie du droit au tra-

---

[1] Le margrave de Bade, *Abrégé des principes d'économie politique.*

vail. Ses conceptions portent en germe l'absorption par l'État de toutes les fortunes privées, immeubles et capitaux, de la production et du commerce.

Law a été le précurseur du socialisme et du despotisme, qui en est la conséquence forcée.

Quelques-uns des disciples de l'école de Quesnay, notamment Lemercier de la Rivière et l'abbé Baudeau, se laissèrent séduire par les théories de Law.

Lemercier de la Rivière s'attira par son livre sur l'*Ordre naturel et essentiel des sociétés politiques*, la confiance de l'impératrice Catherine II et celle de l'empereur d'Allemagne, Joseph II. Un franc despotisme était, aux yeux de Lemercier de la Rivière, le moyen le plus efficace d'assurer le bonheur du peuple.

De son côté, Baudeau, dans son *Introduction à la philosophie économique ou Analyse des États policés*, s'exprimait ainsi : « Il est plus aisé de persuader un prince qu'une nation, et le triomphe des vrais principes est plutôt assuré par la puissance souveraine d'un seul que par la conviction difficile à obtenir de tout un peuple. »

Un autre économiste de l'école de Quesnay, le marquis de Mirabeau, gentilhomme provençal, plein des souvenirs des pays d'État, hasarda cependant quelques réclamations en faveur des libertés locales : « Nous sommes Français, — s'écrie-t-il, mais nous sommes et nous voulons rester Bretons, Normands, Provençaux, Languedociens. Les états provinciaux seraient avantageux pour le peuple, sous le double rapport des intérêts matériels, évidemment mieux régis par les notables de la province que par des commis de la capitale, et de la liberté civile et politique, puissamment favorisée, par l'intervention des citoyens dans la gestion de leurs propres affaires. Ils seraient avantageux pour l'autorité, car, le gouvernement, semblable à la clef d'une voûte, tire sa force de l'harmonie et de l'effet de toutes les parties combinées, et l'ordre municipal est vraiment l'ordre citoyen. Ces états protégeaient les arts et les manufactures, l'agriculture surtout, si délaissée, si stationnaire au milieu des prétendus progrès de la civilisation. Par eux, le crédit public recevrait un nouvel élan, car la confiance a deux points : la garantie des richesses et celle de la probité. Le crédit des corps est le plus solide, et, entre les corps, les plus puissants et les plus immuables sont les états. »

Répondant aux partisans de la centralisation : « On ne nie pas,— ajoute-t-il, — qu'il ne faille réunir toutes les lignes au centre; mais,

---

¹ « Law, dit Montesquieu, par une ignorance égale de la constitution républicaine
« et de la monarchique, fut un des plus grands promoteurs du despotisme que
« l'on eût encore vus en Europe. »

le premier rang pour cela, c'est de faire des lignes ; or je prétends que ces lignes n'existent pas là où il n'y a point d'autorité médiate et organisée, de façon que le gouvernement ne soit que l'inspecteur et non le précepteur éternel de ses préposés.

« Au prince donc le gouvernement, à l'ordre municipal l'administration du pays ; car les pouvoirs intermédiaires subordonnés et dépendants constituent, comme l'a dit le philosophe de la politique, la nature des gouvernements monarchiques. »

La voix de l'*ami des hommes* fut étouffée au milieu du concert des philosophes et des économistes en l'honneur du pouvoir absolu. Baudeau résumait la théorie dans ces mots, répétés depuis par Danton et Robespierre : « L'État fait des hommes ce qu'il veut. »

III

Le grand réformateur dont Louis XVI fit son ministre en montant sur le trône, Turgot, le disciple de Quesnay, partageait le dédain des économistes pour la tradition. Tout entier à la doctrine du laisser faire, il y chercha trop exclusivement le salut et le progrès que la France aurait trouvés dans un retour à ses vieilles libertés et dans la convocation immédiate des états généraux. Au lieu de s'appuyer sur l'histoire, il se confina dans ses théories, et rêvant, comme ses devanciers et ses maîtres en économie politique, la régénération radicale de la société, il voulut y arriver, en chargeant le pouvoir absolu d'appliquer, c'est-à-dire d'imposer son système.

Détruire le passé, reconstruire, d'après un plan uniforme, l'édifice social miné dans ses fondements, telle était selon lui la tâche de l'autorité.

« Votre nation, disait-il au roi, dont il créait et confisquait du même coup à son profit la toute-puissance, votre nation n'a pas de constitution, et je vais lui en donner une. Je vais aussi refaire le société ; car l'instruction *civique* que nous donnerons aux enfants sèmera dans leur cœur des principes de justice, d'humanité, de bienséance et d'amour pour l'État, qui porteront le patriotisme à ce haut degré d'enthousiasme dont les nations anciennes ont seules donné quelques exemples.... Au lieu de la corruption, de la lâcheté, de l'intrigue et de l'avidité qu'elle a trouvées partout, Votre Majesté trouvera partout le désintéressement, l'honneur et le zèle. »

Pour opérer ces prodiges, Turgot réclamait le pouvoir absolu pour le roi dont il était le ministre.

« Vos cours les plus accoutumées à la résistance, lui disait-il, n'o-
seraient contester à Votre Majesté, pour réformer les abus, un pouvoir législatif aussi étendu que celui des princes qui ont donné lieu
aux abus que l'on déplore. »

Cette dangereuse théorie de l'absolutisme se légitimant par des
prétextes de réforme sociale, de bien public et de volonté nationale,
portait en elle le germe du despotisme démocratique auquel nous a
livrés la révolution. Montesquieu l'a combattue ; Jean-Jacques Rousseau l'a adoptée et défendue. L'étude de ces deux écrivains et des
deux écoles politiques dont ils ont été les créateurs nous aidera à
pénétrer le sens, parfois contradictoire, des solutions données par la
révolution française au problème social.

Vingt ans avant la publication du livre immortel dont l'influence,
malheureusement neutralisée par le *Contrat social* de Jean-Jacques
Rousseau, a survécu aux utopies du philosophe de Genève, vingt ans
avant l'*Esprit des lois*, parurent les *Lettres persanes*, ce roman sati-
rique où brillent à la fois la dialectique acérée des *Lettres provinciales*, le talent d'observation des *Caractères* de la Bruyère et la verve
comique des pamphlets de Beaumarchais. Ce n'était plus le temps
des réformes pacifiques ; ce n'était pas encore celui des révolutions.
Mais les esprits fermentaient déjà, et l'on faisait moins de cas des
graves considérations du marquis d'Argenson que des critiques lé-
gères d'Usbeck, s'attaquant, non à des abus partiels, mais aux vices
généraux d'une société corrompue, et excitant le mépris public contre les courtisans et les ordres dégénérés de l'État.

Les *Lettres persanes* sont en quelque sorte la préface de l'*Esprit des lois*. Ce que celles-là démolissaient, celui-ci le réédifiait par le
droit sur la double base de la tradition et du progrès. L'auteur de ces
deux œuvres, diverses par la forme, avait pris pour devise : *Destruam
et ædificabo*. L'*Esprit des lois*, malgré ses lacunes, son défaut d'ordre
didactique et ses rares erreurs, n'en est pas moins un chef-d'œuvre
de recherches érudites, de sagace analyse, pour tout ce qui touche
aux faits, de puissante abstraction comme principes, et d'énergique
concision de style. Au milieu de la corruption des mœurs et des intelligences, dans un siècle que dominait un pouvoir presque arbitraire
et que menaçait la révolution, le savant philosophe s'élève aux principes primordiaux des lois. En face des imprudents apôtres de la
mobilité du droit, il fait reposer toute sa doctrine sur cet axiome fondamental : Les lois sont les rapports nécessaires des êtres. Il attaque le
système de Hobbes, système fondé sur un prétendu état de nature, où
la guerre se substituerait à la sociabilité, et pose cet autre axiome :
que le gouvernement le plus conforme à la nature est celui dont la

disposition particulière se rapporte le mieux à la disposition du peuple pour lequel il est établi.

Il y a donc, selon Montesquieu, des principes absolus et immuables et des principes variables. La science sociale réside dans l'harmonie de ces principes, combinés de telle sorte que chaque personnalité jouisse de son autonomie dans le lien unitaire des dogmes sociaux. Le premier de ces dogmes, aux yeux de Montesquieu, c'est la justice, qu'il ne subordonne pas, comme Machiavel, à l'utilité. « L'injustice, dit-il, est mauvaise ménagère, et elle n'atteint pas même ses vues. »

L'auteur de l'*Esprit des lois*, on le sait, distingue trois sortes de gouvernements : le gouvernement républicain, le monarchique et le despotique. Dans le premier, le peuple en corps, ou une seule portion du peuple, a la puissance souveraine ; dans le second, un seul gouverne, mais avec des lois fixes et stables ; dans le troisième, un seul fait tout, sans lois et sans règles, selon ses volontés et caprices[1]. Montesquieu donne au gouvernement républicain le nom de démocratie quand c'est le peuple en corps qui gouverne, et le nom d'aristocratie quand la puissance souveraine réside dans une portion du peuple[2].

Quelques publicistes[3] rejettent la classification des gouvernements adoptée par Montesquieu. « Tout gouvernement, disent-ils, est ou arbitraire ou limité ; arbitraire, s'il n'y a pas des lois fondamentales qui fixent la manière de conduire et de régler les affaires ; limité plus ou moins, selon les lois qui restreignent l'autorité publique. Un gouvernement dans lequel un chef d'État peut, à l'aide des votes d'une majorité servile, ordonner ce qu'il lui plaît est un gouvernement despotique, tout comme celui où un seul commande, sans suivre d'autre loi que son bon plaisir. Il en est de même d'un État où la puissance souveraine réside dans tout ou partie du peuple, et c'est ainsi que la démocratie et l'aristocratie peuvent être despotiques autant que la monarchie. »

L'histoire confirme cette pensée. Les actes de despotisme qu'elle nous signale sont indépendants de la forme du gouvernement. « Ne confondons pas, dit avec raison l'Américain Channing[4], la liberté avec les institutions populaires. Un gouvernement représentatif peut être tout aussi despotique qu'une monarchie absolue. Fouler aux pieds les

---

[1] *Esprit des lois*, liv. II, chap. I.

[2] *Ibid.*, liv. II, chap. II.

[3] Antonio Genovesi et d'Ondes de Reggio, *Introduzione dei principi delle umane società*, parte prima, p. 202.

[4] *De l'Esclavage*, chap. II.

droits d'un grand nombre ou d'un seul individu, c'est le despotisme. La puissance souveraine, qu'elle soit exercée par un seul ou par plusieurs, par un roi ou par un congrès, est une tyrannie quand elle dépouille un seul homme des franchises et priviléges que Dieu lui a accordés. »

Ces idées, fort justes, n'ont rien de contraire à celles de Montesquieu.

Personne n'a mieux prouvé que ce savant explorateur des sources historiques que toute société, même dans son enfance, possède une loi fondamentale, mais que l'existence de cette loi n'empêche pas le gouvernement de devenir despotique, si elle est violée par un seul, par quelques-uns, ou par tous, et remplacée soit par le bon plaisir, soit par un despotisme légal, tel que celui des dictateurs romains ou de ces *sauveurs* que les peuples effrayés de l'anarchie investissent d'un pouvoir illimité.

Montesquieu est d'ailleurs partisan, comme Cicéron, Polybe et la plupart des philosophes politiques de l'antiquité, des gouvernements mixtes, c'est-à-dire composés des trois éléments, monarchique, aristocratique et démocratique. Il prend le mot démocratie dans le sens de généralité du peuple et non des classes infimes seulement. Ce qui lui fait préférer la constitution mixte à la constitution simple, c'est que celle-ci peut plus aisément dégénérer en tyrannie.

La monarchie, tempérée par des ordres constitués dans l'Etat pour les services publics est, aux yeux de Montesquieu, la forme de gouvernement préférable. « Les pouvoirs intermédiaires, subordonnés et dépendants, constituent, dit-il[1], la nature du gouvernement monarchique, c'est-à-dire de celui où un seul gouverne par des lois fondamentales... Abolissez, dans une monarchie, les prérogatives des seigneurs, du clergé, de la noblesse et des villes, vous aurez bientôt un Etat populaire, ou bien un Etat despotique... Il ne suffit pas qu'il y ait dans une monarchie des rangs intermédiaires ; il faut encore un dépôt de lois. Ce dépôt ne peut être que dans les corps politiques qui annoncent les lois lorsqu'elles sont faites et les rappellent lorsqu'on les oublie. »

« Ceux qui ont écrit les guerres civiles de quelques Etats, ceux mêmes qui les ont fomentées prouvent, dit-il ailleurs, en faisant allusion aux Mémoires du cardinal de Retz, combien l'autorité que les princes laissent à de certains ordres pour leur service leur doit être peu suspecte, puisque, dans leur égarement même, ils ne soupiraient qu'après les lois et leur devoir et retardaient la fougue et l'impétuosité des factions plus qu'ils ne pouvaient la servir.

« Le cardinal de Richelieu, pensant peut-être qu'il avait trop avili

[1] *Esprit des lois*, liv. II, chap. VI.

les ordres de l'État, a recours, pour le soutenir, aux vertus du prince
et de ses ministres ; et il exige d'eux tant de choses qu'en vérité il
n'y a qu'un ange qui puisse avoir tant d'attention, tant de lumières,
tant de fermeté, tant de connaissances ; et on peut à peine se flatter
que, d'ici à la dissolution des monarchies, il puisse y avoir un
prince et des ministres pareils.

« Quand les sauvages de la Louisiane veulent avoir du fruit, ils
coupent l'arbre au pied et cueillent le fruit : voilà le gouvernement
despotique. »

Voltaire se moque de la différence essentielle signalée par Montesquieu entre la monarchie et le despotisme[1]. « Ces deux frères,
dit-il, ont tant de ressemblance, qu'on les prend souvent l'un pour
l'autre. Ce sont deux gros chats à qui les rats essayent de suspendre une sonnette au cou. » N'en déplaise à ceux que pourrait
séduire cette boutade philosophique, la monarchie et le despotisme
sont plus incompatibles que le despotisme et la démocratie. Notre
histoire même, depuis quatre-vingts ans, est là pour l'attester.

Après avoir examiné quelles sont les lois relatives à la nature de
chaque gouvernement, Montesquieu recherche les lois relatives au
principe de ce gouvernement[2].

Il y a, dit-il, cette différence entre la nature du gouvernement
et son principe : que sa nature est ce qui le fait être tel, et son
principe ce qui le fait agir. L'un est sa structure particulière, et
l'autre les passions humaines qui le font mouvoir.

Le principe de la république démocratique et même aristocratique, c'est la vertu ; le principe de la monarchie, c'est l'honneur ; le
principe du despotisme, c'est la crainte.

« Quoi donc ! dit un savant publiciste italien[3], la vertu n'est-elle
donc réservée qu'au gouvernement républicain, démocratique ou aristocratique ? un état monarchique peut-il se passer de vertu ? Qu'on
dise que, dans une démocratie, un grand nombre doit être vertueux,
un moindre nombre dans l'aristocratie, un moindre encore dans la
monarchie, on a raison, en considérant le nombre de ceux qui par-
ticipent à la puissance législative ; mais un État, quel qu'il soit, dont
la vertu n'est pas le principe, marche à sa ruine. L'honneur, considéré comme principe de la monarchie, ou signifie la vertu, ou est
une hypocrisie de vices, ou, comme cela arrive communément, est
un mélange de frivoles et étranges coutumes. Machiavel et Vico ont
mieux apprécié le principe des gouvernements en disant qu'il doit

----

[1] *Commentaire sur l'Esprit des lois*, chap. x.

[2] *Esprit des lois*, liv. III.

[3] D'Ondes de Reggio, *Introduzione dei veri principi delle umane società*, parte
secunda.

être conforme à la sagesse, c'est-à-dire à la science du bien et du mal, et ordonner la chose publique en vue du bien général. »

On peut répondre : La vertu n'est pas plus le privilége des républiques que l'honneur celui des monarchies. Ce n'est pas en vue d'une monarchie que Platon dit, dans son *Traité des lois* : « L'honneur est une chose divine, excellente. »

Mais, comme le remarque Montesquieu, l'honneur vit de préférences et de distinctions, que l'état monarchique comporte plutôt que l'état républicain. Ce qui assure au gouvernement monarchique un grand avantage sur le despotique, ce n'est pas seulement qu'il y a plus de lumières et plus de mœurs, c'est qu'il y a plus d'ordres de citoyens, plus de distinctions sociales. « Comme il est, dit Montesquieu, de la nature de la monarchie qu'il y ait sous le prince plusieurs ordres qui tiennent à la constitution, l'État est plus fixe, la constitution plus inébranlable, la personne de ceux qui gouvernent plus assurée. » L'honneur militaire peut exister dans les États despotiques, l'histoire turque en fait foi ; mais Montesquieu dit, avec raison, que l'honneur n'est pas le principe des États despotiques. Les hommes y étant tous égaux, on n'y peut se préférer aux autres ; les hommes y étant tous esclaves, on n'y peut se préférer à rien. De plus, comme l'honneur a ses lois et ses règles et qu'il ne saurait plier, qu'il dépend de son propre caprice et non pas de celui d'un autre, il ne peut se trouver que dans des États où la constitution est fixe et qui ont des lois certaines.

Quant aux États démocratiques, l'amour excessif de l'égalité répugne aux distinctions sociales. Ce n'est pas seulement la soumission aux mêmes lois, l'accès de toutes les carrières ouvert à tous les citoyens, l'égalité des droits, la proscription des priviléges qui constituent l'égalité aux yeux des démocrates : c'est l'absence de toute hiérarchie, la confusion de tous les rangs, la suppression de toutes les influences, le défaut absolu d'organisation, défaut qui se manifeste d'une façon si claire parmi nous dans la manière dont le suffrage universel y est pratiqué.

IV

Montesquieu voyait, dans le despotisme, la conséquence inévitable des abus de l'égalité, quand il disait : « Les monarchies se corrompent lorsqu'on ôte peu à peu les prérogatives des corps ou les priviléges des villes. Dans le premier cas, on va au despotisme de tous, dans l'autre au despotisme d'un seul. Ce qui perdit les dynasties de Tsin et de Soüi, dit un auteur chinois, c'est qu'au lieu de se borner, comme les anciens, à une inspection générale, seule digne du souverain, les princes voulurent gouverner tout immédiatement par eux-mêmes. La monarchie se perd lorsqu'un prince croit qu'il montre plus sa puissance en changeant l'ordre des choses qu'en le suivant ; lorsqu'il ôte les fonctions naturelles des uns pour les donner arbitrairement à d'autres, et lorsqu'il est plus amoureux de ses fantaisies que de ses volontés. La monarchie se perd lorsque le prince, rapportant tout uniquement à lui, appelle l'État à sa capitale, la capitale à sa cour et la cour à sa seule personne. »

Il est facile de reconnaître, sous le voile transparent d'une dynastie du Céleste-Empire, le cardinal de Richelieu, cet homme qui, s'il n'avait pas eu le despotisme dans le cœur, l'aurait eu dans la tête, Louis XIV, ce roi qui pouvait dire : L'État c'est moi, et Louis XV, ce débile héritier d'une toute-puissance qu'il ne pouvait plus exercer ni abandonner.

« La plupart des peuples de l'Europe, dit ailleurs Montesquieu [1], sont encore gouvernés par les mœurs ; mais, si par un long abus du pouvoir, si par une grande conquête, le despotisme s'établissait à certain point, il n'y aurait pas de mœurs ni de climat qui tinssent ; et, dans cette belle partie du monde, la nature humaine souffrirait, au moins pour un temps, les insultes qu'on lui fait dans les trois autres. »

Notre histoire, hélas! a sanctionné ces paroles.

« La monarchie se corrompt lorsque l'honneur a été mis en contradiction avec les honneurs, et que l'on peut être à la fois couvert d'infamies et de dignités... L'inconvénient n'est pas lorsque l'État passe d'un gouvernement modéré à un gouvernement modéré, mais quand il tombe et se précipite du gouvernement modéré au despotisme [2]. »

Passant de la double étude de la nature et du principe des gouvernements à celle de l'*objet* des États, Montesquieu s'exprime ainsi :

« Quoique tous les États aient un même objet, qui est de se maintenir, chaque État en a pourtant un qui lui est particulier. L'agrandissement était l'*objet* de Rome ; la guerre celui de Lacédémone ; la religion celui des lois judaïques ; le commerce celui de Marseille ; la tranquillité publique celui des lois de la Chine ; la navigation celui des lois des Rhodiens ; la liberté naturelle l'objet de la police des sauvages ; en général, les délices du prince celui des États despotiques ; la gloire et celle de l'État celui des monarchies ; l'indépen-

---

[1] *Esprit des lois*, liv. VIII, chap. viii
[2] *Ibid.*, liv. XI, chap. v

dance de chaque particulier est l'objet des lois de Pologne, et ce qui en résulte l'oppression de tous. »

Cette théorie est-elle aussi exacte que les précédentes?

L'objet d'un État n'est pas seulement de se conserver, mais encore de s'améliorer ; car tout État qui ne s'améliore pas se corrompt, et la corruption cause sa mort. L'État n'étant qu'une association d'un grand nombre d'individus, sa fin est l'utilité générale. Sa conservation, son amélioration, son existence même, ne sont qu'un moyen d'arriver à cette fin. L'objet général de chaque État étant le bonheur de tous, aucun d'eux ne peut donc avoir un objet particulier. Ce n'est pas, d'ailleurs, seulement en Chine, mais partout que la tranquillité publique est l'objet du gouvernement ; la navigation et le commerce conviennent aussi bien à tout État maritime qu'à Rhodes et à Marseille. La guerre a été un moyen de conservation pour Lacédémone, et aussi pour tous les États. La gloire est désirée partout, quelle que soit la forme du gouvernement et non pas seulement dans la monarchie. Rome n'a pas eu seule l'ambition de la conquête. Partout on la considère comme civilisatrice si elle juste, comme coupable si elle est injuste et favorable, par son objet ou ses résultats, au maintien ou au progrès de la barbarie.

La liberté naturelle, c'est-à-dire le droit pour chacun de faire ce qu'il veut, pourvu qu'il ne nuise pas aux autres, n'est pas le privilége exclusif des sauvages, et le *liberum veto* des Polonais, c'est-à-dire le droit pour tout membre de la diète de suspendre par sa seule opposition les délibérations sur les affaires d'État, a été en Pologne, comme ailleurs, une cause d'anarchie qui a puissamment contribué à la triste fin de ce royaume. Il ne faut pas confondre, comme le démontre Domat, le principe d'un gouvernement et sa fin, et condamner, avec Machiavel et Vico, qui ont emprunté cette erreur à l'antique philosophie égyptienne, les nations à tourner perpétuellement dans un même cercle d'origines, de progrès et de décadence.

Cette doctrine, qui semble être celle de Montesquieu, si l'on considère isolément le passage précité de son livre, et qui est, dans tous les cas, celle de Vico, cette doctrine ferait de chaque nation, suivant la juste observation d'un savant professeur de droit français[1], une sorte d'Ixion tournant la roue, de Tantale aspirant l'onde fugitive, de Sisyphe laissant retomber le rocher soulevé avec effort, de Pénélope défaisant la nuit l'ouvrage du jour.

Montesquieu dit qu'il y a en Europe un État dont l'*objet* est la liberté politique et que cet État est l'Angleterre... Sa théorie sur l'*objet* des États serait-elle une allusion timide à cette liberté politique qu'il

<hr>

[1] M. Oudot. *Conscience et science du devoir*, t. II, n° 455.

n'aurait pas osé demander ouvertement pour son pays? Quoi qu'il en soit, les temps sont changés, et il est permis de dire aujourd'hui qu'une constitution de forme mixte sera d'autant mieux ordonnée qu'elle pourvoira avec plus de soin à la liberté de tous les membres dont l'État est composé. La liberté politique, selon Montesquieu, n'est pas celle dont les démocrates ont fait la base du despotisme légal. « Il est vrai, dit-il, que dans les démocraties le peuple paraît faire ce qu'il veut ; mais la liberté politique ne consiste point à faire ce que l'on veut. Dans un État, c'est-à-dire dans une société où il y a des lois, la liberté ne peut consister qu'à faire ce que l'on doit vouloir, et à n'être point contraint de faire ce que l'on ne doit pas vouloir. »

Des hauteurs de la théorie descendant à l'application, Montesquieu considère comme une constitution libre celle où les pouvoirs sont divisés, et où, par la disposition des choses, le pouvoir arrête le pouvoir.

L'illustre publiciste recherche les moyens de fonder la liberté politique. Il envisage les lois qui forment cette liberté, dans leurs rapports avec la constitution, avec le citoyen, avec la levée des tributs, avec la grandeur des revenus publics. Il flétrit l'esclavage civil, l'esclavage domestique, la servitude politique. Attribuant au climat une influence peut-être exagérée, il examine les lois dans leurs rapports avec la nature des terres, avec l'esprit général et les mœurs de la nation, avec le commerce, avec l'usage de la monnaie, les banques, les prêts.

Puis, remontant aux sources, analysant les lois comparées des Bourguignons, des Lombards, des Visigoths, des Francs Saliens et Ripuaires, il rappelle les assemblées nationales, tenues sous les deux premières races, conformément aux traditions racontées par Tacite et César[1]. « Sous les deux premières races, dit-il, on assembla souvent la nation, c'est-à-dire les seigneurs et les évêques; il n'était point encore question des communes. On chercha dans ces assemblées à régler le clergé qui était un corps qui se formait, pour ainsi dire, sous les conquérants, et qui établissait ses prérogatives. Les lois faites dans ces assemblées sont ce que nous appelons les capitulaires. Il arriva quatre choses : Les lois des fiefs s'établirent, et une grande partie des biens de l'Église fut gouvernée par les lois des fiefs. Les ecclésiastiques se séparèrent davantage, et négligèrent des lois de réforme où ils n'avaient pas été les seuls réformateurs. On recueillit les canons des conciles, et les décrétales des papes ; et le clergé reçut ces lois comme venant d'une source plus pure. Depuis

---

[1] *Esprit des lois*, liv. XXVIII, chap. ix et liv. XVIII, chap. xxx

l'érection des grands fiefs, les rois n'eurent plus des envoyés dans les provinces pour faire observer les lois émanées d'eux ; ainsi, sous la troisième race, on n'entendit plus parler de capitulaires. »

Montesquieu, poursuivant ses investigations historiques, constate, comme Dumoulin, l'origine germanique des fiefs, qu'il considère comme nécessaires dans une monarchie et comme devant avoir les mêmes priviléges que les nobles qui les possèdent[1]. Il suit les transformations successives des fiefs d'abord amovibles, puis viagers, puis héréditaires, et montre en eux la source de la multiplicité des lois et de la variation dans le jugement des tribunaux. « C'est un beau spectacle, dit-il, que celui des lois féodales : Un chêne antique s'élève ; l'œil en voit de loin les feuillages ; il approche, il en voit la tige, mais il n'en aperçoit pas les racines ; il faut percer la terre pour les trouver. »

Du régime féodal, ce qui plaît surtout à Montesquieu, c'est qu'il est la tige de la noblesse. « M. l'abbé Dubos, dit-il, soutient que, dans les premiers temps de notre monarchie, il n'y avait qu'un seul ordre de citoyens parmi les Francs. Cette prétention, injurieuse au sang de nos premières familles, ne le serait pas moins aux trois grandes maisons qui ont successivement régné sur nous. L'origine de leur grandeur n'irait donc pas se perdre dans l'oubli, la nuit et le temps ; l'histoire éclaircirait les siècles où elles auraient été des familles communes ; et pour que Childéric, Pépin et Hugues Capet fussent gentilshommes, il faudrait aller chercher leur origine parmi les Romains ou les Saxons, c'est-à-dire parmi les nations subjuguées. »

Noble de naissance, parlementaire de profession, Montesquieu n'est peut-être pas complétement affranchi des préjugés de caste et de robe. Il défend, comme Fénelon les prérogatives de la noblesse « dont sa famille faisait partie depuis deux cent cinquante ans. » Peut-être aussi se souvient-il un peu de sa présidence, quand il défend la vénalité des fonctions de judicature si énergiquement condamnée par l'Hôpital. Il ne demande pas les états généraux, bien qu'ils ne fussent que très-imparfaitement remplacés par ces corps judiciaires qu'un ordre du chancelier Maupeou suffit pour mettre à néant.

Quoique adversaire déclaré de l'uniformité administrative « qui séduit quelquefois, dit-il, les grands esprits, mais qui frappe infailliblement les petits, Montesquieu ne parle pas des provinces de *franc alleu*, de celle notamment dont il était originaire, et dont les États, longtemps suspendus, furent rétablis quelques années après sa mort. Il ne dit qu'un mot des terres allodiales, si répandues surtout dans les pays de droit écrit ; il perd de vue la maxime : « Nul

----

[1] *Esprit des lois*, liv. V, chap. ix.

n'est seigneur sans terre, » qui servait de base aux franchises muni-
cipales. Il restreint outre mesure la portée de la distinction entre
les droits de justice et les droits de fief. Quant à la lutte entre l'É-
glise, la couronne et le parlement, qui passionnait les esprits depuis
plus d'un siècle, Montesquieu ne s'en préoccupe pas. Il se montre
peu favorable au droit canonique et aux décrétales qu'il appelle les
rescrits des papes, et considère comme une honteuse résolution la
répression par le roi des abus de la juridiction ecclésiastique.

La liberté, telle que la comprend le génie de Montesquieu, c'est
la liberté gemanique qu'il avait étudiée non-seulement dans les livres, mais dans ses voyages en Hongrie et en Angleterre, plutôt que
la liberté latine dont les villes d'Italie ne conservaient presque plus
de trace. Il raille les allures modestes du pouvoir absolu dans ce
premier ministre du grand-duc de Toscane qu'il avait vu assis devant sa porte, sur une petite chaise de bois, en casaquin et en cha-
peau de paille.

Montesquieu n'a pas exploré, avec la patiente érudition des Bartole
et des Cujas, les myriades de textes du droit civil des Romains. Il n'a
pas expliqué, par le développement des détails, leurs institutions de
droit public, comme l'avaient fait avant lui, Muratori, Sigonius,
Heinnecius, Gravina, Roth, etc.; il a laissé à Niebuhr la gloire de
refaire, à l'aide d'une symbolique savante, l'histoire primitive de
cette société romaine formée, comme celle du moyen âge, du mélange de plusieurs peuples conservant leur autonomie sous l'*impe-
rium* politique. Mais il a donné l'impulsion à l'école historique illus-
trée de nos jours par MM. Savigny, Raynouard, Guizot, Augustin
Thierry, et il a éloquemment résumé toute la philosophie politique
en ces quelques lignes de son *Étude sur les causes de la grandeur et
de la décadence des Romains.*

« C'est ici qu'il faut se donner le spectacle des choses humaines.
Qu'on voie dans l'histoire de Rome tant de guerres entreprises, tant
de sang répandu, tant de peuples détruits, tant de grandes actions,
tant de triomphes, tant de politique, de sagesse, de prudence, de
constance, de courage ; ce projet d'envahir tout si bien formé, si
bien soutenu, si bien fini, à quoi aboutit-il? qu'à assouvir le bonheur
de cinq ou six monstres. Quoi! ce Sénat n'avait fait évanouir tant
de rois que pour tomber lui-même dans le plus bas esclavage de
quelques-uns de ses plus indignes citoyens, et s'exterminer par ses
propres arrêts... »

Montesquieu est l'homme de l'avenir, quoique ses aspirations au
gouvernement représentatif n'aient encore été réalisées que fugiti-
vement dans la politique pratique, et qu'elles aient subi jusqu'à ce
jour, malgré quelques tentatives louables mais infructueuses, le

même sort que celles de Platon, de Polybe et de Cicéron dans l'antiquité, de saint Thomas d'Aquin au moyen âge, de Bodin, de Hotman,
de Fénelon dans les temps modernes.

C'est le sort des hommes de génie de semer des idées qui ne fruc-
tifient qu'avec le temps. Mais comment Helvétius a-t-il pu dire que
Montesquieu ignora la puissance du mouvement social qui obéit à la
loi de la perfectibilité humaine? Comment Lherminier, ce savant
admirateur de l'*Esprit des lois*, a-t-il pu dire que son auteur ne s'é-
levait pas à la considération de la loi universelle qui mène les sociétés humaines? Comment Victor Hugo a-t-il pu reprocher à l'un des
plus éminents propagateurs de la politique spiritualiste de se servir
de la théorie des climats comme d'une fausse clef pour ouvrir tous
les problèmes de l'histoire demeurés sans solution dans ses théories?

Un savant publiciste italien appelle Montesquieu le Machiavel de la
France ; il le compare à Vico, qu'il considère comme lui étant supérieur. « Le premier, dit-il[1], ne voit que des faits détachés ; le second,
s'élève jusqu'à l'étude de l'idée qui les enchaîne. L'un déduit les
principes des faits, et se contente d'en expliquer les raisons ; l'autre
fait descendre les faits des idées, et leur en impose les lois. Montesquieu ne voit que des individualités qui créent des phénomènes ;
Vico ne voit que des lois idéales, représentées par des individualités
qui prêtent leur nom à chaque phase de ces lois. L'esprit du pré-
sident français est observateur ; celui du philosophe napolitain est
métaphysique ; la méthode du premier est analytique, celle de l'autre
est synthétique ; pour l'un l'histoire est un art, pour l'autre c'est une
science. »

L'illustre secrétaire perpétuel de l'Académie française avait vengé
d'avance de l'injustice de ce parallèle l'écrivain qui est une de
nos gloires nationales. « En 1748, dit M. Villemain[2], Montesquieu
avait fait paraître son *Esprit des lois*. Avec une admirable sagacité et
une sagesse non moins grande il avait pénétré tous les systèmes sociaux ; il avait examiné la raison de l'existence de tous les gouvernements. Par précaution peut-être, par supériorité d'esprit peut-être,
il avait fait plutôt un livre d'histoire qu'un livre de théorie. Ce beau
génie avait senti qu'il est facile de se livrer à ses propres expériences,
de tracer sur le papier, sans que personne vous contredise, des plans
de bonheur, de liberté, de justice imaginaires. Il avait dédaigné cette
portion de la tâche offerte aux publicistes ; il s'était attaché seulement
à expliquer ce qui était plutôt qu'à désirer ce qui pouvait être, sen-
tant bien que la justice de ses pensées, l'impartialité de ses juge-

---

[1] *Del progresso indefinito*, per Giovanni di Giovannio, Cagliari, 1863.

[2] *Tableau de la littérature française au dix-huitième siècle*, t. III. p. 68.

ments sur chacun des abus, des torts, des vieilles coutumes mêlées aux diverses constitutions sociales de l'Europe, serait aussi énergique et moins suspecte que des illusions de publiciste théorique. Telle avait été la pensée de l'*Esprit des lois*. » — « Le genre humain avait perdu ses titres, Montesquieu les a trouvés, et les lui a rendus. » Ainsi, s'exprime quelque part Voltaire, si injuste, d'ailleurs, contre le grand homme à qui, blessé dans ses deux passions d'amour et de haine, il ne pardonnait pas d'avoir dit du bien de la religion et du mal de la poésie.

Le principal reproche adressé de nos jours à Montesquieu, reproche bien différent de ceux qu'il avait réfutés lui-même dans sa spirituelle défense, c'est qu'il n'est pas homme de progrès.

Qu'est-ce que cette loi du progrès qu'on lui reproche d'avoir méconnue? Est-ce celle de la perfectibilité indéfinie de notre nature, du progrès indéfini. Il n'y a pas dans toutes les œuvres de Montesquieu une ligne d'où l'on puisse induire ce mépris ou cette ignorance de la plus sainte des lois.

Montesquieu, qu'on a accusé de spinosisme, est un chrétien convaincu de la vérité d'une religion qui a dirigé dit-il, admirablement bien pour la société les dogmes de l'immortalité de l'âme et de la résurrection des corps.

C'est un apôtre de la tolérance qu'il considère avec raison comme formant, quand elle est accompagnée des vertus morales, « le caractère le plus sociable. » Montesquieu parle de la tolérance en politique et non en théologien. Il veut que, lorsque plusieurs religions sont tolérées dans un État, on les oblige à se tolérer entre elles. Il remarque d'ailleurs que, pour les théologiens mêmes, il y a bien de la différence entre tolérer une religion et l'approuver. Ce mot suffit pour le distinguer d'un côté des inquisiteurs, de l'autre des encyclopédistes.

Les idées absolues et abstraites répugnent, autant que les conceptions nébuleuses, à l'esprit ferme et chrétien du magistrat philosophe.

Ce n'est pas dans de vagues théories qu'il cherche la solution du grand problème; c'est dans la combinaison des principes immuables du droit avec les convenances accidentelles des lieux et des temps, toujours explorés par lui avec une merveilleuse sagacité et un sens droit et sûr.

Les principes immuables auxquels a adhéré Montesquieu, ce sont ceux que Bossuet a inscrits en tête de sa *Politique sacrée*, que Domat a répétés dans son admirable *Traité des lois*, et qui, d'après les témoignages concordants de la philosophie et de l'histoire, règlent les droits de l'individu, de la famille, de la cité, de l'Église et de l'État.

Aimer Dieu et ses semblables, voilà la loi et les prophètes, voilà l'essence même du droit. C'est de cette loi primordiale que découlent le principe de la sociabilité et l'adage politique formulé par Pascal en ces termes : *Unité sans multitude est tyrannie, multitude sans unité est confusion.*

V

L'école de Montesquieu compte avec orgueil dans ses rangs plusieurs grands jurisconsultes du dix-huitième siècle, auxquels les sectateurs des utopies matérialistes refusent le titre de philosophes, parce qu'ils sont restés attachés aux principes primordiaux de la religion révélée, et qu'ils ne prétendent pas créer eux-mêmes, soit en politique, soit en économie sociale, ces lois générales et absolues dont chaque inventeur fait l'étoile polaire de la science, et qui conduisent aux abîmes ceux qui s'y livrent aveuglément. Domat, notamment, est traité avec un superbe dédain par les encyclopédistes.

D'Aguesseau en jugeait autrement : « Personne, disait-il dans ses instructions à son fils, n'a mieux approfondi que cet auteur le véritable principe des lois, et ne l'a expliqué d'une manière plus digne d'un philosophe, d'un jurisconsulte et d'un chrétien. » Domat ne professe pas, comme Cujas, un culte superstitieux pour les lois de l'empire romain. Vainement chercherait-on, dans son admirable *Traité des lois*, le reflet de ces tristes paroles du professeur du seizième siècle : « Tout est disposé avec un art admirable dans les Pandectes par le génie de Julien, d'Hermogénien et de Trébonien. Malheur à qui oserait dire autre chose ! Nous nous éloignons d'autant plus du vrai que nous nous détachons davantage de cet écrit. » Mieux éclairé par la lumière du grand siècle, Domat cherche le principe des législations ailleurs que dans des textes dont les plus anciens consacrent le despotisme dans la famille et les plus nouveaux le despotisme dans l'État : « Pour découvrir les premiers fondements des lois de l'homme, dit-il, il faut connaître quelle est sa fin, parce que sa destination à cette fin sera la première règle de la voie et des démarches qui y conduisent, et par conséquent sa première loi et le fondement de toutes les autres. Connaître la fin d'une chose, c'est simplement savoir pourquoi elle est faite ; et on connaît pourquoi une chose est faite, si, voyant comme elle est faite, on découvre à quoi sa structure peut se rapporter, parce qu'il est certain que Dieu a proportionné la nature de chaque chose à la fin pour laquelle il l'a destinée. » L'adaptation des lois à la fin de l'homme, tel est donc, selon Domat, le principe du perfectionnement du droit, principe plus élevé, à coup sûr, que celui des fatalistes qui, confondant le principe et la fin, ne voient dans le mouvement social que le recours forcé des nations vers leurs origines.

La fin des sociétés humaines, Domat ne la trouve pas, comme les anciens, dans l'État. L'unité, cet idéal auquel il aspire comme tous les philosophes chrétiens, ce n'est pas l'absorption des individus dans la masse sociale. Le citoyen n'est pas, à ses yeux, une simple pierre de la pyramide au sommet de laquelle est placé l'être abstrait qu'on appelle gouvernement. A cette théorie païenne qui fait du prince et de l'État les seuls régulateurs du juste et de l'injuste et qui met les droits individuels sous le joug tyrannique du pouvoir collectif, Domat préfère hautement la doctrine chrétienne, qui reconnaissant en nous une âme qui anime un corps, et dans cette âme deux puissances, un entendement pour connaître et une volonté pour agir, fait consister le repos et le bonheur de l'homme dans la connaissance et l'amour de Celui vers lequel toutes ses démarches doivent le conduire, parce qu'il est, selon l'expression des livres saints[1], le premier et le dernier mot, le commencement et la fin, et qu'il peut seul remplir le vide infini de l'esprit et du cœur qu'il a faits pour lui[2].

Le progrès social ainsi entendu, c'est ce progrès indéfini par le droit qu'un philosophe italien[3], compare à une spirale dont les évolutions continuent toujours en s'élargissant sans qu'on puisse assigner à leur développement aucune limite nécessaire, progrès qui ne peut se réaliser sans exprimer les rapports nécessaires qui existent entre les êtres et sans rester, par conséquent, fidèle au double principe dans lequel se résument tous ces rapports. Ce progrès social, c'est celui que l'histoire nous montre accompli par les nations avec cette lenteur qui est le caractère des œuvres providentielles.

C'est celui qui, réalisant l'idée du droit dans sa plus haute acception, sert de point d'appui à la marche de la société vers un état de plus en plus conforme au triple idéal de l'humanité, lequel est la connaissance, la volonté et le pouvoir du vrai, du bon et du beau.

Sous l'influence de ces principes philosophiques développés dans le *Traité des lois* de Domat avec une simplicité qui n'exclut pas la profondeur, les jurisconsultes et les publicistes de l'école de Montesquieu mirent à profit tout à la fois les découvertes scientifiques du seizième siècle, surtout dans le droit romain et dans le droit féodal, les

[1] *Apocal.*, 22, 13, 75. 41. 4.
[2] *Satiabor quum apparuerit gloria tua.*
[3] Antonio Rosmini, *Philosophia della politica, la società ed el suo fine.*

conquêtes de la littérature et de la science chrétiennes du siècle de Louis XIV, les aspirations des philosophes du siècle suivant vers les grands principes de droit naturel altérés par la violence ou la corruption des mœurs et des lois pendant les trois périodes de la barbarie, de la féodalité et de la monarchie absolue. C'est ainsi qu'au moment même où le torrent des idées nouvelles, mêlées d'erreurs et de vérité, envahissait et allait détruire la société politique, un immense progrès s'accomplissait dans le droit civil par la fusion intelligente des éléments de la civilisation germanique et de la civilisation romaine.

La législation domestique des pays de coutumes et celle des pays de droit écrit reposaient sur des principes essentiellement différents. La communauté de biens entre les époux et la maxime égalitaire : *Dieu seul fait les héritiers*, étaient la double source du droit commun dans les pays du Nord ; le régime dotal et la liberté de tester des pères dérivaient, dans les provinces du Midi, de ces deux principes consacrés par les lois romaines : *Interest reipublicæ mulierum dotes solvas fore... uti pater familias legassit, ita jus esto.* Le temps avait modifié les législations primitives ; grâce à cet instinct de l'utilitarisme qui est en quelque sorte l'essence du génie français, les lois et les mœurs des diverses provinces s'étaient réciproquement tempérées, et dans ce conflit c'était le plus souvent le droit écrit qui avait triomphé. Le régime dotal que M. Demolombe considère comme la législation des civilisations avancées, et qui, bien loin de mettre obstacle, comme l'en accusent d'autres jurisconsultes, à l'union intime des époux, réalise bien mieux que le système absorbant de la communauté, le dualisme de l'autorité tempérée par la liberté, le régime dotal faisait, jusque dans les pays de coutumes d'incontestables progrès. L'égalité forcée des partages, reléguée dans le petit nombre de coutumes dites d'égalité parfaite, et le droit de tester, restreint à son tour, dans les coutumes de préciput et d'option, par les progrès du droit de *légitime*, tendaient de jour en jour, de leur côté, à une juste pondération.

Ces conquêtes successives de la science et de la raison furent réalisées en 1731, 1735 et 1747 par les belles ordonnances du chancelier d'Aguesseau, sur les donations, les testaments et les substitutions, et par les savants commentaires auxquels elles donnèrent naissance, surtout dans les ressorts des parlements du Midi.

Les lois civiles de Domat, les lumineux traités de Pothier, dont notre code civil a reproduit la substance, les œuvres diverses des jurisconsultes qui avaient hérité des trésors d'érudition des siècles précédents, et qui profitèrent des conquêtes de la philosophie contemporaine, renouvelèrent à la fois la science du droit et l'éloquence du barreau, dans des œuvres où la tradition et le progrès, l'autorité et la liberté concouraient dans une juste proportion au progrès social.

Chorier, dans le Dauphiné; Coriolis et Bouche en Provence; dom Vaissette, Basville, Caseneuve, Albisson, Domergue, en Languedoc; Boudet, Couture, Dupuy, de Brunis, Moreau de Voisins, de Sistrières-Murat, Maillebay, la Thaumassière, Lamothe, Maichin ,Belly, Belzunce, Scheffling, Polverel, Furgole, dans les nombreuses provinces des trois Aquitaines, écrivaient l'histoire du franc alleu et des franchises locales. Dunod faisait connaître les libertés franc-comtoises. Laguille, Schefflin, Woog, Grandidier, celles de l'Alsace; Lorentz, dom Calmet, publiaient l'histoire des ducs de Lorraine; Baugis et Lepelletier, celle des comtes de Champagne; Dévérité, dom Grenier, Ducange, celle de la Picardie; Paul Colliette, celle du Vermandois; Hordrel, celle de Saint-Quentin et de ses franchises; Garreau, Michault, Béquillat, Faust, de Gerlain, Mille Pérard, Courte-Épée, celle de la Bourgogne et de ses ducs; Henrys et Didier, celle des priviléges et des franchises locales du Lyonnais; Guichenon, Coll et Perret, celle des usages de Bresse, Bugey Valromey et Gex; Duplessis, Richebourg de la Foy, Hoccard, celle du duché de Normandie et des coutumes anglo-normandes; Ogée, Vertot, Samoceys, Pellerin, celle des franchises et libertés de la Bretagne; le marquis de Luchet, celle de l'Orléanais; de la Fosse et Chambon, celle des sept élections dépendant de l'Ile-de-France; Chevillard, la chronologie des prévôts, marchands et échevins de Paris, etc.

L'étude des origines de l'ancien gouvernement de la France fit, au dix-huitième siècle, des progrès parallèles à ceux de l'étude des institutions et des libertés locales. De Buat, Dubos, Mably, Bouquet et plusieurs autres historiens s'appliquèrent à la recherche de nos antiquités nationales à des points de vue très-divers et souvent trop systématiques.

Toutes les branches du droit public étaient explorées en même temps par des écrivains jaloux d'apporter chacun sa pierre à l'édifice social. Puffendorf et Barbeyrac, écrivaient sur le droit naturel et le droit des gens; d'Héricourt, Fleury, Durand de Maillane, sur le droit ecclésiastique; de la Roque, sur l'ordre de la noblesse; Vavasseur, D'Essuile, Delacroix de Fréminville, sur les communes et communaux; Domat, sur le droit municipal d'après les principes du droit naturel et du droit romain.

L'auteur de l'abrégé de la *République* de Bodin transformée en une vaste étude de droit public, sous ce titre : *Des corps politiques*, essayait de prévenir la révolution imminente, par la mise en pratique des principes de la hiérarchie dans les ordres traditionnels.

Dans les écrits de cette époque sur les matières criminelles, se

manifestèrent les signes avant-coureurs de la réforme qui allait
bientôt s'accomplir. Beccaria et Filangieri inauguraient en Italie, en
même temps que Morellet et Malesherbes en France, la réaction
contre l'œuvre du conseiller d'État Pussort, vainement défendue par
M. de Vouglans. L'esprit de Montesquieu inspirait tous ces écrivains. « Filangieri, dit M. Villemain, est né de Montesquieu. »

VI

J.-J. Rousseau se rapproche, comme publiciste et comme mora-
liste, de Montesquieu, en ce sens qu'il attaque comme lui une civilisation corrompue et les abus du pouvoir absolu. Les erreurs de
Hobbes et de Grotius sur le droit du plus fort, sur la théorie de
l'esclavage, erreurs combattues par Montesquieu avec l'autorité de
la science et d'une raison ingénieuse, Rousseau les réfute avec
l'éloquence passionnée du sentiment. Il s'indigne qu'on ait pu imaginer une convention par laquelle un peuple et un souverain stipu-
leraient, d'une part une autorité absolue, de l'autre une obéissance
sans bornes. Les droits, la dignité, le bonheur de l'humanité, Rousseau les revendique avec une ardeur de conviction qui contraste
avec le scepticisme des idées et la mollesse des mœurs de son
temps.

Mais, au lieu de rechercher dans les traditions historiques et
dans une hiérarchie sociale, ordonnée d'après les lois de la morale
et de l'honneur, un moyen de corriger les vices de la société, il
invente un état de nature dans lequel l'homme, « cet animal moins
fort que les uns, moins agile que les autres, mais à tout prendre
organisé le plus avantageusement de tous, se rassasie sous un chêne,
se désaltère au premier ruisseau, et trouve son lit au pied du même
arbre qui lui a fourni son repas. »

L'homme primitif, tel que le conçoit J.-J. Rousseau, est libre et
doué du sentiment de la perfectibilité. Cet homme, qui est l'égal
de tous ses semblables, s'associe à eux, par instinct autant que par
nécessité, pour résister aux périls et pour satisfaire aux besoins
communs. De là l'origine de la société et des lois qui donnent
la sécurité à tous, mais qui introduisent l'inégalité dans l'état social, détruisent sans retour la liberté naturelle, fixent la loi de la
propriété et de l'inégalité, d'une adroite usurpation font un droit
irrévocable, et pour le profit de quelques ambitieux, assujettissent
désormais tout le genre humain au travail, à la servitude et à la
misère. Dans l'éloquente déclamation de J.-J. Rousseau contre les

inégalités et les servitudes contemporaines, on voit déjà le vice
radical de sa philosophie politique, l'altération des notions essen-
tielles de la famille et l'oubli des origines historiques et philosophiques de l'État.

J.-J. Rousseau reconnaît[1] que la plus ancienne de toutes les
sociétés, que la société naturelle est celle de la famille; mais il
ajoute : « Les enfants ne restent liés au père qu'aussi longtemps
qu'ils ont besoin de lui pour se conserver. Sitôt que ce besoin cesse,
le lien naturel se dissout. Les enfants exempts de l'obéissance qu'ils
devaient au père, le père exempt des soins qu'il devait aux enfants,
rentrent tous également dans l'indépendance. S'ils continuent de
rester unis, ce n'est plus naturellement, c'est volontairement, et la
famille elle-même ne se maintient que par convention. »

En considérant ainsi la famille, J.-J. Rousseau méconnaît à la
fois ses origines historiques, son but providentiel, les rapports
essentiels de ses membres, et les principes d'après lesquels les
familles, s'unissant entre elles, arrivent à composer les villages, les
cités, les États.

La famille reposerait sur une base trop fragile si elle ne répondait qu'aux nécessités matérielles des premiers moments de la vie
et si elle n'était fondée que sur une convention volontaire. C'est la
loi de la nature, sanctifiée par la religion, qui constitue la famille,
et qui maintient, avec le secours de la loi civile, l'indissolubilité du
nœud conjugal et l'autorité paternelle. Cette autorité survit, dans
une certaine mesure, à la majorité des enfants, « car, dit Bossuet,
cette autorité est la base de l'ordre moral des sociétés. Elle règne
seule dans les temps primitifs. » — « A cette époque, dit Pope, chaque père de famille couronné par la nature devenait roi, prêtre et
législateur de son État naissant; ses sujets mettaient en lui tout
leur espoir, comme en une seconde Providence; son regard était
leur loi, sa langue, leur oracle. C'est la pensée de Platon adoptée
par Aristote : *Ex patribus familias paulatim facti reges....* » — « Dans
le principe, dit Rollin, au début de son *Histoire ancienne*, chaque
père de famille était le chef souverain de sa famille, l'arbitre et
le juge des différends, le législateur-né de la petite société qui lui
était soumise. A mesure que les familles croissaient par la naissance des enfants et la multiplication des alliances, leur petit domaine s'étendait, et elles vinrent peu à peu à former des bourgs et
des villes. Ces sociétés étant devenues fort nombreuses par la suc-
cession des temps, les familles se partagèrent en diverses branches
qui avaient chacune d'elles son chef. » « Rien de plus conforme,

----

[1] *Contrat social*, liv. I, chap. II.

dit Fénelon, que cette idée à ce que nous voyons chaque jour dans tous les pays du monde où les différentes familles ou tribus font remonter leur origine jusqu'à un père commun... » Que les bourgs, les cités et les États aient procédé, comme le pense Aristote, non de la guerre, mais du principe pacifique de la sociabilité, ou bien qu'il faille, avec Grotius et Machiavel, attribuer l'origine des sociétés politiques, soit à une attaque commune des méchants contre les bons, soit à une défense commune des bons contre les méchants, toujours est-il que l'hypothèse d'un prétendu contrat social, tel que l'a rêvé J.-J. Rousseau, est une utopie.

L'étude du droit municipal dans l'antiquité et au moyen âge, montre, en effet, le patriarcat primitif se transformant successivement en patriciat, en clan ou tribu, en paroisse, en commune, sous la double autorité du chef ecclésiastique ou du chef militaire; puis les paroisses et les communes, ces associations naturelles et spontanées des familles, se constituant en cités, et ces cités elles-mêmes, tantôt volontairement, tantôt forcément, agglomérées en États. Que devient, en présence de ces réalités historiques, si conformes à la loi de la sociabilité humaine, l'hypothèse chimérique et sauvage du citoyen de Genève?

Comment admettre un État primitif où l'homme n'avait encore ni maîtres, ni législateurs, ni lois, ni propriétés, où l'on n'avait pas encore la moindre notion du tien ni du mien, du vice et de la vertu, du juste ou de l'injuste; où les hommes, libres de toutes passions et de tous maux, n'avaient entre eux aucune sorte de relation morale, ni de devoirs communs?

Ce rêve insensé répugne aux éléments de toutes les langues connues, qui montrent l'ordre des successions présidant au développement des familles et des nations.

Ce prétendu pacte social entre des hommes dispersés sur la terre et se réunissant pour se donner des gouvernements est une chimère. « Si tous les hommes, dit Bossuet, se fussent d'abord accordés à se disperser, par quel délire inconcevable se fussent-ils ensuite accordés à se réunir? S'ils eussent été si libres et si heureux dans les bois, pourquoi ne fussent-ils pas restés dans cet état délicieux? Comment des hommes qui se fussent séparés par inclination, pour être libres, se fussent-ils ensuite décidés à se réunir pour se soumettre à des lois et à des châtiments qu'ils auraient voulu fuir? »

Le prétendu contrat social, dont J.-J. Rousseau, reproduisant l'absurde utopie de Puffendorf, définit les conditions, n'est ni réel ni possible. « Chacun de nous met en commun, dit-il[1], sa personne

---

[1] *Contrat social*, liv. I, chap. v.

et toute sa puissance sous la libre direction de la volonté générale, et nous recevons en corps chaque membre comme partie indivisible de tous. »

Qu'est-ce que cette association inouïe, où chacun devient en même temps sujet et souverain, personne publique et personne particulière, dépendant sans cependant cesser d'être indépendant, gouvernant et gouverné; où chacun obéit sans avoir de maître et sacrifie sa liberté sans cependant cesser d'être libre.

Le caractère essentiel du contrat, c'est le concours de plusieurs volontés. Rousseau prétend qu'on ne peut appliquer ici la maxime du droit civil, que nul n'est tenu aux engagements pris envers lui-même, car il y a bien de la différence entre s'obliger envers soi ou envers un tout dont on fait partie, et c'est ainsi qu'il croit résoudre ce problème insoluble qu'il s'est posé à lui-même : « Trouver une forme d'association qui défende et protége de toute la force commune la personne et les biens de chaque associé, et par laquelle chacun, s'unissant à tous, n'obéisse pourtant qu'à lui-même, et demeure aussi libre qu'auparavant! » Ce n'est pas seulement au droit civil, c'est au bon sens que répugne l'idée contradictoire de faire de chaque individu un sujet et un souverain par l'effet d'un contrat passé entre lui et le corps dont il fait partie. Autre chose est le droit de l'association nationale et des associations secondaires qui la composent de se donner des lois elles-mêmes et de se gouverner librement, droit reconnu par les écoles politiques de Fénelon et de Montesquieu : autre chose est l'idée abstraite de la souveraineté du peuple, telle que l'enseigne J.-J. Rousseau, c'est-à-dire appuyée sur l'utopie anti-juridique d'un prétendu contrat social en vertu duquel les volontés particulières se seraient aliénées elles-mêmes au profit de la volonté de tous, sans abdiquer cependant leur souveraineté individuelle.

Les erreurs de J.-J. Rousseau sur l'origine des sociétés se reproduisent dans sa théorie du droit de propriété. Le philosophe oublie cette parole du créateur : « La terre est à moi; je n'en ai donné aux enfants des hommes que la jouissance. » Il oublie ce fait, attesté par l'histoire sacrée et profane, que, dans les sociétés primitives, il n'y avait ni propriété individuelle ni même propriété collective, mais seulement des assignations temporaires, mobiles comme les tentes des tribus nomades, de lots faits aux familles par les chefs de ces tribus; il oublie enfin que, lorsqu'en se fixant sur le sol et en y constituant des cités, les tribus transformées en communes eurent consacré le droit du travail par celui de la propriété née de l'accumulation des épargnes, ce droit de propriété acquit une telle force qu'il pût être transféré par la seule volonté du maître; que cette volonté une fois connue, même par voie d'interprétation, devint une

loi inéluctable ; que son effet s'étendit au delà des bornes de la vie
du propriétaire et que, par la force du droit naturel, *le mort saisit le
vif*, à tel point que l'héritier fut considéré comme la continuation
de la personne du défunt.

Il y a loin de ces principes, consacrés à la fois par le droit coutu-
mier et par le droit écrit de toutes les nations et énergiquement ré-
sumés par Grotius, à ce bizarre anathème jeté par Rousseau sur
l'origine du droit de propriété : « Le premier qui, ayant enclos un
terrain, s'avisa de dire : *Ceci est à moi*, et trouva des gens assez
simples pour le croire, fut le vrai fondateur de la société civile. Que
de crimes, de guerres, de meurtres, de misères et d'horreurs n'eût
point épargnés au genre humain celui qui, arrachant les pieux ou
comblant le fossé, eût crié à ses semblables : « Gardez-vous d'écouter
« cet imposteur : vous êtes perdus si vous oubliez que les fruits sont
« à tous et que la terre n'est à personne ! »

Ces prolégomènes du communisme arrachèrent à Voltaire un cri
d'indignation et d'effroi. « Quelle est donc, s'écria-t-il, l'espèce de
philosophie qui fait dire des choses que le sens commun réprouve,
du fond de la Chine jusqu'au Canada? N'est-elle pas celle d'un gueux
qui voudrait que tous les riches fussent volés par les pauvres, afin
de mieux établir l'union fraternelle entre les hommes ? »

On a dit aussi de nos jours, avec plus d'audace encore : *La propriété c'est le vol*, et par les progrès incessants du socialisme on peut,
à un siècle d'intervalle, juger de tout le mal qu'a fait à la société
moderne l'imprudent apôtre de l'état sauvage. L'origine de ces fausses
doctrines remonte jusqu'aux lois païennes, qui faisaient de l'État
le propriétaire universel.

Rousseau n'admet cependant pas dans toute son étendue la maxime
des jurisconsultes césariens : *Omnia bona sunt Cæsaris*[1]; il pense que
le droit du premier occupant doit être autorisé aux conditions suivantes : 1° que le terrain ne soit encore habité par personne ; 2° qu'on
n'en occupe que la quantité dont on a besoin pour subsister ; 3° qu'on
en prenne possession par le travail et la culture, seul signe de propriété qui, à défaut de titres juridiques, doive être respecté d'autrui.
Mais ce droit du premier occupant, garanti par l'État contre les étrangers, ne l'est pas contre l'État lui-même. « Le droit que chaque particulier a sur son propre fonds est toujours subordonné, dit-il, au
droit que la communauté a sur tous... L'État, à l'égard de ses membres, est maître de tous leurs biens par le contrat social qui, dans

[1] M. Coquille (*Des légistes*, p. 377) impute à Louis XIV ces paroles, proférées,
dit-il, dans ses instructions à son petit-fils : « Tous les biens de nos sujets sont à
nous. » Cette citation est contredite par l'opposition que mit Louis XIV au préam-
bule d'un édit qui exprimait cette pensée.

l'État, sert de base à tous les droits ; mais il ne l'est, à l'égard des autres puissances, que par le droit du premier occupant, qu'il tient des particuliers. »

Ainsi, selon J.-J. Rousseau, la propriété n'est pas seulement protégée par le droit civil ; c'est de lui qu'elle procède, elle est créée par l'État, qui la garantit, à peu près comme les seigneurs du moyen âge garantissaient les alleux que leur livraient leurs vassaux en les leur remettant à titre de domaine utile, mais sous la réserve de leur domaine direct. De sorte que si la terre n'est pas cultivée au gré de l'État, le possesseur puisse en être expulsé, comme le permet le Coran, ou bien que, s'il plaît au gouvernement, soit pour se concilier la faveur du peuple, soit pour enrichir ses favoris, de multiplier les expropriations, il puisse y procéder sans obstacle en vue de l'utilité publique, devenue l'unique règle de ses déterminations arbitraires.

Non content de sacrifier à la volonté du grand nombre les droits de la famille et de la propriété, J.-J. Rousseau, examinant dans le dernier chapitre du *Contrat social* les rapports entre l'Église et l'État, conclut, comme Luther et Calvin, à la suprématie du pouvoir temporel en matière religieuse.

Les dieux citoyens, les cultes nationaux de l'antiquité païenne, le culte mahométan étroitement lié par son fondateur à son système politique, les rois d'Angleterre et les czars, chefs de leurs Églises respectives, toutes les formes historiques de la domination du pouvoir en matière religieuse séduisent et captivent le philosophe genevois. « De tous les auteurs chrétiens, Hobbes est le seul, dit-il, qui ait bien vu le mal et le remède, qui ait proposé de réunir les deux têtes de l'aigle et de tout ramener à l'unité politique sans laquelle jamais État ni gouvernement ne sera bien constitué ; mais il a dû voir que l'esprit dominateur du christianisme était incompatible avec son système, et que l'intérêt du prêtre serait toujours plus fort que celui de l'État. Ce n'est pas tant ce qu'il y a d'horrible et de faux dans sa politique que ce qu'il y a de juste et de vrai qui l'a rendue odieuse. »

J.-J. Rousseau croit, contre le sentiment de Bayle, que la religion a présidé au berceau de tous les États, mais il combat Warbutton, qui voit dans le christianisme le plus ferme appui du corps politique, et il pense que la loi chrétienne est au fond plus nuisible qu'utile à la forte constitution des gouvernements. Un peuple de parfaits chrétiens serait à ses yeux un peuple incapable des vertus civiques.

Une religion qui reçoit ses dieux de l'État, qui a ses dogmes, ses rites, son culte extérieur prescrit par les lois, lui paraît bonne « en ce qu'elle réduit le culte divin à l'amour des lois, et que, faisant de la patrie l'objet de l'adoration des citoyens, elle leur apprend que servir l'État, c'est en servir le Dieu tutélaire.» Mais il craint que n'étant fondée que sur l'erreur et le mensonge, elle ne rende les peuples superstitieux, et même, si elle devient exclusive et tyrannique, sanguinaires et intolérants.

Rousseau distingue cette religion, qu'il appelle la religion du citoyen, de la religion de l'homme, c'est-à-dire de cette religion naturelle sans culte public et sans sacerdoce que Diderot invoquait en demandant qu'on élargît *Dieu*, et qu'il semblait croire suffisante pour remplacer, comme base de la morale, l'autorité des lois révélées.

« Il y a, ajoute-t-il, une troisième religion plus bizarre qui, donnant aux hommes deux législations, deux chefs, deux patries, les soumet à des devoirs contradictoires et les empêche de pouvoir être à la fois dévots et citoyens. Telle est la religion des Lamas, telle est celle des Japonais, tel est le christianisme romain. Cette troisième est si évidemment mauvaise que c'est perdre le temps de s'amuser à le démontrer. Tout ce qui rompt l'unité sociale ne vaut rien ; toutes les institutions qui mettent l'homme en contradiction avec lui-même ne valent rien. »

Quelle est la sanction de la religion civile, que le philosophe de Genève substitue au christianisme? Chacun est libre, suivant lui, d'adhérer au contrat social ou de s'y soustraire, car nul ne peut être assujetti sans son aveu. Qu'un seul refuse de concourir à la constitution de l'association, cette constitution devient impossible ; elle exige une unanimité rigoureuse. Mais que faire contre les citoyens qui refuseront leur concours? Il faut les chasser du pays. Qui les chassera? un souverain non constitué. Le cercle vicieux est palpable. Quelle sera, d'ailleurs, la sanction de cet odieux abus de la force? et, d'ailleurs, quand on aura proscrit, déporté les récalcitrants, qu'arrivera-t-il si ceux qui restent se divisent, si quelques-uns demandent à modifier la constitution? Seront-ils enchaînés à jamais à l'œuvre de leurs pères et faudra-t-il déployer contre eux, pour les forcer d'être libres, la violence, l'injustice, et les condamner à l'alternative de la mort ou de l'émigration? « Quiconque refusera d'obéir, dit J.-J. Rousseau, y sera contraint par tout le corps. C'est cette coercition tacite qui fait tout l'artifice et le jeu de la machine politique. Sans cela le pacte social ne serait qu'un vain formulaire. » La soumission absolue à la volonté d'autrui, tel est donc le but de ce contrat social par lequel chacun semblait n'être engagé qu'avec lui-même !

Quelle est, en effet, la profession de foi du citoyen de Genève? «Il y a, dit-il, une profession de foi purement civile, dont il appartient au souverain de fixer les articles, non pas précisément comme dogmes de religion, mais comme sentiments de sociabilité, sans lesquels il est impossible d'être bon citoyen, ni sujet fidèle. Sans pouvoir obliger personne à les croire, il peut bannir de l'État quiconque ne les croit pas ; il peut le bannir, non comme impie, mais comme insociable, mais comme incapable d'aimer sincèrement les lois, la justice, et d'immoler au besoin sa vie à son devoir. Que si quelqu'un, après avoir reconnu publiquement ces mêmes dogmes, se conduit comme ne les croyant pas, qu'il soit puni de mort ; il a commis le plus grand des crimes, il a menti devant les lois. »

En quoi cette doctrine diffère-t-elle de celle de Hobbes et des maximes de l'inquisition ?

Cette mansuétude de J.-J. Rousseau à l'égard des citoyens rebelles aux dogmes de la religion d'État, nous l'en trouvons pareillement animé envers ceux qui refusent d'accepter ou qui violent le contrat social.

En substituant à la réalité historique des familles, des tribus, des cités, sources de toutes les nations, l'hypothèse d'un contrat social par lequel des hommes libres et indomptés se seraient unanimement et à une époque inconnue soumis au joug d'une constitution réciproquement acceptée, J.-J. Rousseau s'attaque à la fois aux principes de la liberté et aux bases de l'ordre social. L'état civil, qu'il montre succédant à l'état de nature, et faisant régner par le seul effet de la volonté générale le devoir, la liberté morale, le respect de la propriété, manque de l'esprit qui seul vivifie les institutions humaines. Ce n'est pas sans doute la négation absolue de la pensée religieuse, mais c'est l'oubli du grand principe que Dieu, auteur de toutes choses, est, par conséquent, la source de toutes les autorités. C'est la révélation d'une funeste tendance à soumettre au pouvoir temporel les droits de l'autorité religieuse, et à faire prédominer l'idée de la force sur celle du droit.

VII

La souveraineté du peuple, selon J.-J. Rousseau, offre tous les caractères que les publicistes de l'école de Hobbes et de Lebret attribuaient à la souveraineté du roi : celle-ci inamissible, celle-là inaliénable, indivisibles toutes deux, non-seulement dans leur essence, mais dans leurs fonctions.

« Que sont, dit-il, ces politiques qui, ne pouvant diviser la souveraineté dans son principe, la divisent en force et en volonté, en puissance législative et en puissance exécutive, en droits d'impôts, de

justice et de guerre, en administration intérieure et en pouvoir de
traiter avec l'étranger, et qui font ainsi du souverain un être fantas-
tique, formé de pièces rapportées, comme ces charlatans du Japon,
qui dépècent, dit-on, un enfant aux yeux des spectateurs ; puis, je-
tant en l'air tous les membres l'un après l'autre, font retomber l'enfant vivant et tout rassemblé ?

« La volonté générale, dit Rousseau, est toujours droite et tend
toujours à l'utilité publique ; mais il ne s'ensuit pas que les délibérations du peuple aient toujours la même rectitude. On veut toujours
son bien, mais on ne le voit pas toujours ; jamais on ne corrompt le
peuple, mais souvent on le trompe, et c'est alors seulement qu'il paraît vouloir ce qui est mal. »

Volontaire ou involontaire, comment l'erreur du peuple peut-elle
être corrigée ? Le philosophe de Genève propose, en s'appuyant sur
une pensée de Machiavel qu'il exagère, la suppression de toutes les
associations partielles dont se compose la grande association nationale.

« Il importe, dit-il, pour avoir bien l'énoncé de la volonté générale, qu'il n'y ait pas de société partielle dans l'État, et que chaque
citoyen n'opine que d'après lui. »

Le suffrage universel, individuel et direct, telle est donc la base
de sa politique, fondée elle-même sur la maxime commune à toutes
les tyrannies : *divide ut imperes.*

Le pouvoir souverain du peuple a-t-il du moins quelques bornes ?
J.-J. Rousseau répond qu'il faut distinguer les droits respectifs des
citoyens et du souverain, et bien se garder de confondre les devoirs
qu'ont à remplir les premiers en qualité de sujets avec le droit naturel dont ils doivent jouir en qualité d'hommes. Mais qui sera juge
de la question de savoir si la volonté générale exige d'un citoyen, en
puissance, en biens, en liberté, un sacrifice supérieur à celui qu'il a
consenti par le pacte social ? La volonté générale sera-t-elle juge et
partie dans sa propre cause ?

La souveraineté du peuple, infaillible, illimitée, ne parait offrir à
Rousseau aucun danger.

« Le souverain, dit-il, n'étant formé que des particuliers qui le
composent, n'a ni ne peut avoir d'intérêt contraire au leur ; par
conséquent, la puissance souveraine n'a nul besoin de garant envers
les sujets. »

Ainsi Rousseau, peu soucieux de se contredire, ne craint pas de
livrer les destinées de la nation à une multitude aveugle, dont il dit
lui-même ailleurs qu'elle sait rarement ce qui lui est bon.

Non, la volonté générale ne suffit pas pour légitimer une loi injuste. C'est Dieu qui est la source de toute justice ; le nier, c'est nier à la fois la morale et la politique, c'est nier l'ordre social.

« Si nous savions, dit Jean-Jacques, recevoir la justice de si haut, nous n'aurions besoin ni de gouvernement ni des lois... Il faut des conventions et des lois pour unir les droits aux devoirs et ramener la justice à son objet. »

Qui ne voit que c'est là le principe et l'exécution de la loi. Les lois de la justice sont immuables comme Dieu même ; les conventions humaines ne peuvent y déroger. Il n'y a pas de droit contre le droit, selon l'énergique expression de Bossuet. Mais les lois, malgré leur origine divine, ne peuvent recevoir que des hommes la force et l'action matérielles. De là la double nécessité d'un pouvoir exécutif qui soutienne et promulgue la loi, et d'un pouvoir judiciaire qui l'applique et la fasse respecter.

Le législateur, dit J.-J. Rousseau, est à tous égards un homme extraordinaire dans l'État. S'il doit l'être par son génie, il ne l'est pas moins par son emploi. Quand Lycurgue donna des lois à sa patrie, il commença par abdiquer la royauté. C'était la coutume de la plupart des villes grecques. »

Cette théorie rationaliste de la loi et de la mission du législateur n'est autre, au fond, que la théorie païenne qui livrait les destinées des États à la volonté de leurs fondateurs. C'est celle qu'on essaye de renouveler de nos jours, en assignant aux hommes de génie le rôle de maîtres prédestinés des nations.

Ce n'est pas la doctrine du droit chrétien. « Rien, dit Fénelon, n'est plus faux que cette idée des amateurs de l'indépendance, que toute autorité réside originairement dans le peuple, et qu'elle vient de la cession que chacun fait à un ou plusieurs magistrats de son droit inhérent de se gouverner soi-même. » — « La souveraineté, dit Bossuet dans son cinquième avertissement, ne tire pas sa force obligatoire d'un pacte social, mais de la loi supérieure de l'être supérieur. » Cette loi préexiste à tous les pactes ; elle domine tous les systèmes humains. C'est un droit inhérent à la personne même de l'*auteur universel*, un droit dont il est essentiellement le propriétaire, et d'où découlent toutes les lois, ces rapports nécessaires, comme le dit Montesquieu, nés de la nature même des choses.

Est-ce à dire que toutes les lois aient un caractère immuable, universel, absolu? Non, assurément; ce principe n'appartient qu'aux principes primordiaux. Dans l'organisation politique et civile des États, il y a des rapports contingents et variables qui doivent se développer librement et dans un esprit de charité. *In necessariis unitas, in dubiis libertas, in omnibus caritas :* telle est la formule du droit chrétien, à laquelle ni saint Thomas d'Aquin ni Fénelon ne dérogent, en plaçant la souveraineté nationale en matière temporelle à côté de la souveraineté spirituelle de l'Église et en attribuant le droit de faire des lois à la multitude, ou à celui qui la représente, sans que néanmoins ces lois puissent, quoique émanant de la volonté générale, attenter aux droits de la justice universelle, ou, en d'autres termes, du droit divin.

La question de la constitution et de la classification des gouvernements amène J.-J. Rousseau à distinguer, avec Montesquieu, la puissance législative et la puissance exécutive, et à adopter l'ancienne division des gouvernements démocratique, aristocratique, monarchique et mixte.

Analysant ensuite la démocratie, qu'il préférerait, s'il y avait un peuple de dieux, mais qu'il dit n'avoir jamais existé, parce qu'il est contre l'ordre naturel que le grand nombre gouverne et que le petit soit gouverné : l'aristocratie, qui serait le meilleur, s'il y avait modération dans les riches et contentement dans les pauvres (double condition difficile à obtenir) ; la monarchie élective et la monarchie héréditaire, dont l'une tend à l'anarchie et l'autre au despotisme ; enfin les gouvernements mixtes, dans lesquels il ne voit que des freins aux abus de la puissance exécutive, J.-J. Rousseau conclut que toute forme de gouvernement n'est pas propre à tout pays, et que, toutes choses égales d'ailleurs, le gouvernement sous lequel, sans moyens étrangers, sans naturalisation, sans colonies, les citoyens peuplent et multiplient davantage, est infailliblement le meilleur.

Remontant de ces considérations historiques et philosophiques au principe fondamental de sa politique, à la souveraineté absolue du nombre, J.-J. Rousseau cherche dans des combinaisons de chiffres le principe des rapports entre le peuple, le souverain et le gouvernement, et fait à peu près complétement abstraction, dans ses calculs arithmétiques, des unités collectives, considérées par tous les publicistes anciens et modernes comme les éléments nécessaires de l'ordre social. A ses yeux, une seule cause explique la décadence des gouvernements, c'est que le pouvoir passe du grand nombre au petit, c'est-à-dire de la démocratie à l'aristocratie, et de l'aristocratie à la royauté. C'est par ces transformations qu'il explique même le césarisme romain : Sylla, Jules César et Auguste expriment pour lui la même pensée. Il a horreur des grandes capitales : « Peuplez également le territoire, s'écrie-t-il, étendez-y partout les mêmes droits, portez-y partout l'abondance et la vie ; souvenez-vous que les murs des villes ne se forment que des débris des maisons des champs. A chaque palais que je vois élever dans la capitale, je crois voir mettre en masures tout un État. »

Mais le danger que Rousseau voit surtout dans la capitale, c'est l'appui qu'elle peut prêter au gouvernement contre le peuple, qui, « lorsqu'il est légitimement assemblé en corps souverain, fait cesser toute juridiction du gouvernement et suspend la puissance exécutive. » S'il s'agit, comme au temps des Gracques ou de Clodius, d'une sédition populaire dictant des lois sur les places publiques et jusque sur les toits de Rome, contre le vœu des municipes, considérés à juste titre par Cicéron comme la plus saine partie de la nation, le démocrate absolutiste change alors de langage et s'écrie : « Chez ce sage peuple, tout était mis à sa juste mesure : il faisait faire à ses licteurs ce que ses tribuns n'eussent osé faire. »

Les républiques grecques de l'antiquité, où tout ce que le peuple avait à faire il le faisait lui-même, offrent à J.-J. Rousseau le type le plus parfait des constitutions politiques ; mais, se rappelant que la liberté de quelques millions de citoyens n'existait qu'au prix de l'esclavage du grand nombre, il s'écrie : « Quoi ! la liberté ne se maintient qu'avec l'appui de la servitude ! Peut-être ; les deux excès se touchent. Tout ce qui n'est point dans la nature a ses inconvénients, et la société civile plus que tout le reste. Il y a telles positions malheureuses où l'on ne peut conserver sa liberté qu'aux dépens de celle d'autrui, où le citoyen ne peut être parfaitement libre que l'esclave ne soit entièrement esclave. Telle était la position de Sparte. Pour vous, peuples modernes, vous n'avez point d'esclaves, mais vous l'êtes ; vous payez leur liberté de la vôtre. Vous avez beau vanter cette préférence, j'y trouve plus de lâcheté que d'humanité. »

Rousseau, qui a imaginé un contrat social chimérique pour expliquer les constitutions primitives et pour faire dégénérer en une œuvre artificielle le développement naturel et spontané des familles, des cités et des nations, Rousseau ne veut pas que l'institution du gouvernement soit un contrat entre le peuple et les chefs qu'il se donne, contrat fondé sur le bien réciproque qui naît des chartes et surtout des constitutions non écrites, mais consacrées par le temps. A la doctrine unanime des docteurs du moyen âge il substitue le droit absolu, arbitraire, du peuple souverain, dont on ne saurait, dit-il, limiter l'autorité sans la détruire, et qui peut, selon lui, multiplier à son gré les changements de sa constitution, détrôner, chasser, emprisonner, égorger ses chefs. La théorie du contrat social, c'est, nous ne le voyons que trop depuis bientôt quatre-vingts ans, la révolution en permanence.

Qui le croirait ? J.-J. Rousseau, cette idole des révolutionnaires modernes, est l'ennemi déclaré des gouvernements représentatifs. « L'attiédissement de l'amour de la patrie, dit-il, l'activité de l'intérêt privé, l'immensité des États, les conquêtes, l'abus du gouvernement, ont fait imaginer la voie des députés, ou représentants du peuple dans les assemblées de la nation. C'est ce qu'en certains pays on ose appeler le tiers état. Ainsi l'intérêt particulier des deux ordres est mis au premier et au second rang; l'intérêt public n'est qu'au troisième. »

« La souveraineté, ajoute-t-il, ne peut être représentée, parce qu'elle ne peut être aliénée... Toute loi que le peuple en personne n'a pas ratifiée est nulle. Le peuple anglais pense être libre : il se trompe fort : il ne l'est que durant l'élection du parlement. Sitôt qu'ils sont élus, il est esclave, il n'est rien. Dans les courts moments de sa liberté, l'usage qu'il en fait mérite bien qu'il la perde. »

Quelle distance entre ces idées et celles de Montesquieu !

J.-J. Rousseau attribue au gouvernement féodal l'origine de l'idée de représentation. Il oublie les innombrables textes du droit romain qui démontrent que l'ordre municipal, fondement de l'ordre politique, repose tout entier sur le double principe de la représentation et du mandat.

« Qu'est-ce qui fait que l'État est un? dit-il dans la sixième de ses *Lettres de la montagne.* C'est l'union de ses membres. Et d'où naît l'union de ses membres? de l'obligation qui les lie. Tout est d'accord jusqu'ici; mais quel est le fondement de cette obligation? J'ai posé pour fondement du corps politique la convention de ses membres. L'établissement du contrat social est un pacte d'une espèce particulière, par lequel chacun s'engage envers tous : d'où s'ensuit l'engagement réciproque de tous envers chacun, qui est l'objet immédiat de leur union. Je dis que cet engagement est d'une espèce particulière, en ce qu'étant absolu, sans condition, sans réserve, il ne peut toutefois être injuste, ni susceptible d'abus, puisqu'il n'est pas possible que le corps puisse se nuire à lui-même... La volonté de tous est donc l'ordre, la règle supérieure, et cette règle générale est personnifiée en ce que j'appelle le souverain. Il suit de là que la souveraineté est indivisible, inaliénable, et qu'elle réside essentiellement dans tous les membres du corps. Mais comment agit cet être abstrait et collectif ? Il agit par des lois, et il ne saurait agir autrement. Et qu'est-ce qu'une loi? C'est une déclaration publique et solennelle de la volonté générale sur un objet d'intérêt commun; mais l'application de la loi tombe sur des objets particuliers et individuels. Le pouvoir législatif, qui est le souverain, a donc besoin d'un autre pouvoir qui exécute, c'est-à-dire qui réduise la loi en acte particulier... »

« Ici vient l'institution du gouvernement. Qu'est-ce que le gouvernement? C'est un corps intermédiaire, établi entre les sujets et le souverain pour leur mutuelle correspondance, chargé de l'exécution des lois et du maintien de la liberté, tant civile que politique. Le gouvernement, comme partie intégrante du corps politique, participe à la volonté générale qui le constitue. Comme corps lui-même, il a sa volonté propre. Ces deux volontés quelquefois s'accordent, et quelquefois se combattent. C'est de l'effet combiné de ce conflit et de ce concours que résulte le jeu de toute la machine. Le principe qui constitue les diverses formes de gouvernement consiste dans le nombre des membres qui le composent... »

Cette lettre résume bien la doctrine politique de Jean-Jacques : unité de l'État, souveraineté absolue du peuple.

VIII

La théorie unitaire qui prévalut à la fin du dernier siècle sur les doctrines de Montesquieu et dont le succès affligea les dernières années du grand publiciste, se retrouve à des degrés différents dans les écrits des philosophes, des économistes et des publicistes français et étrangers de cette époque.

Condillac prétend fonder sur un principe unique le système des connaissances humaines, et ce principe est pour lui la sensation ! On connaît sa statue, à qui il attribue successivement un premier, un second, un troisième sens, pour expliquer toutes les facultés, toutes les fonctions de l'âme, avec la sensation première continuée, ou affaiblie, ou transformée. Ses divers ouvrages : *De la logique, de l'Art de penser, Essai sur l'origine des connaissances, Traité des sensations,* sont tous dominés par le caractère philosophique du dix-huitième siècle, par l'esprit d'analyse appuyé sur l'hypothèse. Son hypothèse de l'homme-statue ouvre la voie à l'homme-machine, à l'homme-plante, à l'homme-singe.

Ce qu'il importe surtout de remarquer chez Condillac, quant à son système unitaire, c'est que Locke reconnaît deux sources des connaissances humaines, la sensation et la réflexion, et que Condillac n'en admet qu'une, la sensation. Il déclare qu'il veut coordonner les observations recueillies par Locke en un système plus étroit que ne l'avait fait son prédécesseur. Dans son désir de trouver l'unité, il ne voit dans l'idée que la sensation transformée. M. de Gérando est, parmi les historiens modernes de la philosophie, le seul qui, s'efforçant de spiritualiser le sensualisme de Condillac, soutienne qu'il a reconnu une double origine aux idées, la sensation et la réflexion. Une note de Condillac empruntée à son livre de l'*Art de penser* suffit pour réfuter cette opinion. « Soit que nous nous élevions jusque dans les cieux, dit-il, soit que nous descendions jusque dans les abîmes, nous ne sortons point de nous-mêmes ; ce n'est jamais que notre propre pensée que nous apercevons, et nous trouvons dans nos sensations l'origine de toutes nos connaissances et de toutes nos facultés. » Les idées abstraites et générales, ne sont elles-mêmes, selon Condillac, que des sensations transformées.

Helvétius, contemporain et disciple de Condillac, développa, en l'exagérant, la philosophie purement sensualiste du maître dans un livre intitulé *de l'Esprit*, qui devint à la fois l'évangile des épicuriens et le code des utilitaires, et qui à l'idée du droit, adoptée par Hobbes lui-même, substitua la raison d'État et la loi suprême du salut public. Ce livre, récompensé par une place à la cour, que rehaussait la considération personnelle due à son auteur, échappa pour cette double cause aux poursuites dont le menaçaient les censures de la magistrature et de l'Église, et propagea impunément le principe de la sensibilité physique au détriment de l'idée spiritualiste et du sens moral. Les conséquences de cette fausse doctrine furent déduites par d'Holbach dans son ouvrage *Sur le système de la nature*, mélange monstrueux du système de Hobbes et de celui de Spinosa ; par Lamétrie, ce prototype du matérialisme grossier, qui, méprisé dans sa patrie, se vit réduit à chercher à la cour du roi de Prusse une place de valet-bouffon ; par Diderot qui, après avoir sacrifié aux grâces et adulé dans ses romans la marquise de Pompadour, se posa dans plusieurs écrits sur la philosophie morale et sur l'éducation publique en ennemi de la superstition et du fanatisme, et en glorificateur du scepticisme et des passions.

L'unitarisme des doctrines philosophiques et morales du dix-huitième siècle devait nécessairement aboutir à l'unitarisme politique et administratif, c'est-à-dire à la domination exclusive du pouvoir central sur des individus isolés les uns des autres et subordonnés dans l'exercice de leurs droits de citoyens et même de propriétaires aux volontés d'un César.

Mably, l'imitateur et l'exagérateur de Rousseau, s'érige en contempteur de la tradition historique. Il ne veut pas, dit-il, étudier les devoirs du législateur dans les lois d'Angleterre, de Suède, de France ou d'Allemagne. La haine des priviléges est son sentiment dominant, et s'il subit la nécessité regrettable du droit de propriété, c'est à la condition qu'on en extirpera les abus, et qu'il n'y aura ni commerce, ni luxe, ni testaments, ni salaire pour les magistrats, ni impôt autre que l'impôt foncier. Mably ne parait pas reculer devant un système de lois agraires[1].

[1] Voir ses *Principes de législation*.

Raynal qui fut amené plus tard, par le spectacle des ruines qu'il avait concouru à entasser, à faire amende honorable de ses premières doctrines, Raynal abolit l'héritage [1] et Godwin [2] proscrit à la fois la religion, la propriété, la famille et le gouvernement.

Toutes ces monstrueuses erreurs sont résumées dans le *Code de la nature* écrit par Morelly, en 1755, au moment même de la fondation de l'école de Quesnay :

« Art. 1er. Rien dans la société n'appartiendra singulièrement ni en propriété à personne.

« Art. 2. La propriété est détestable et celui qui tentera de la rétablir sera enfermé pour toute sa vie comme un fou furieux, ennemi de l'humanité. Chaque citoyen sera sustenté, entretenu et occupé aux dépens du public.

« Art. 3. Toutes les productions seront amassées dans des magasins publics, pour être distribuées à tous les citoyens et servir aux besoins de leur vie. Les villes seront bâties sur le même plan, tous les édifices à l'usage des particuliers seront semblables. A cinq ans, tous les enfants seront enlevés à leurs familles et élevés en commun aux frais de l'État d'une façon uniforme. »

Ce n'est pas seulement en France que la confusion du vrai et du faux, du bien et du mal, troubla les intelligences à la fin du dernier siècle.

Les publicistes de l'Italie se précipitèrent sur les pas des philosophes français. « Ils admiraient, dit M. Villemain, Buffon et Montesquieu, mais ils admiraient presque autant Bayle, Helvétius, Diderot et d'Holbach. »

En Allemagne, comme en Italie et en France, l'unitarisme spiritualiste prévalut sur l'autonomie spiritualiste dans les écrits des philosophes sortis de l'école de Kant.

La dualité primitive du sujet et de l'objet adoptée par le professeur de Kœnigsberg disparut, et le sujet seul devint la source de toute réalité et de toute certitude. L'auteur de la philosophie de la nature Schelling, fit un pas de plus, et le sujet lui-même perdit toute existence réelle. Hegel, cherchant à son tour l'unité, la vit dans l'identité de l'existence et de la pensée. C'est du rationalisme de Kant, de l'idéalisme transcendant de Fichte, du panthéisme d'Hegel et des trois écoles entre lesquelles se sont partagés leurs sectateurs, que procède en Allemagne le matérialisme contemporain de Büchner et des

---

[1] *Histoire philosophique de l'établissement des Européens dans les deux mondes.*
[2] *De la justice politique.*

autres savants qui exercent, à leur tour, sur l'enseignement de quelques professeurs universitaires une si triste influence.

Le sens pratique des Anglais céda moins que l'esprit rêveur et nuageux des Allemands, au vent des fausses doctrines du dix-huitième siècle. Les publicistes d'outre-Manche se partagèrent en deux camps. Dans l'un se trouvaient Fergusson et Blackstone, ces deux illustres disciples de notre Montesquieu ; dans l'autre Hume et Bentham, l'historien et le publiciste de l'école utilitaire. Ce qui a rendu la France plus accessible à la théorie de J.-J. Rousseau qu'à la doctrine autonomique de Montesquieu ; ce qui a assuré à ces théories le succès qui a si justement attristé les derniers jours du grand publiciste, ce n'est pas seulement la magie d'une éloquence nerveuse et passionnée, c'est surtout la double conformité du génie de Jean-Jacques, — l'une permanente, — avec le génie unitaire de la France ; — l'autre accidentelle, — avec les tendances d'un siècle qui allait sacrifier le droit traditionnel et les libertés antiques à la prépondérance de pouvoirs issus directement du peuple et puissamment centralisés.

Le génie unitaire de la France s'explique, selon M. de Humboldt, par sa situation topographique. Admirablement disposée pour l'attaque, grâce à ses mille voies de terre et de mer, les besoins de sa défense l'obligent à une grande concentration de ses forces à l'intérieur.

« Notre Nord et notre Sud, dit M. Vivien dans ses études administratives, se touchent moins par les degrés du méridien que par l'ampleur et la facilité des transports ; mais géographiquement la France est faible contre l'invasion. Placée aux confluents du despotisme, elle n'est pas défendue, comme l'Angleterre, par une ceinture maritime ; elle est accessible de tous côtés ; vulnérable par ses frontières, entourée de toutes parts de rivaux puissants, la France, plus qu'aucune autre nation, est disposée par la nature à sentir le besoin de grouper tous ses enfants et de veiller sur eux du faîte de sa puissance. »

Aussi, de tous les temps, les habitants des Gaules, d'abord, de la France, ensuite, se sont-ils efforcés de constituer un corps politique aussi compacte que possible : témoin la réunion spontanée des Aquitains, des Celtes et des Belges en un seul peuple, leur assimilation aux Romains après les conquêtes de Jules César, la fusion des races germaniques et des races latines, après l'invasion des barbares, la tendance persévérante et toujours populaire des rois, surtout depuis Philippe Auguste, à faire prévaloir l'unité de territoire, de religion, de langue, de lois et de mœurs sur les diversités féodales et provinciales.

Dans de justes limites, — celles de la céntralisation politique, — cette tendance vers l'unité est salutaire; appliquée aux matières administratives et économiques, elle place les États sur la double pente de l'anarchie et du despotisme.

Nous sommes faibles comme individus, et forts comme nation. Nos âmes se touchent et battent ensemble ; nos mains s'étreignent en frémissant ; nos esprits s'enflamment à la même étincelle. Nous nous fondons rapidement les uns dans les autres, et nous ne faisons bientôt qu'une seule âme et un seul corps. En moins d'une heure, si un faubourg se soulève, toute la cité est sur pied. A peine quelques bataillons sont-ils en marche, ils font une armée. Cela explique la fureur française dans l'attaque, les terreurs paniques dans la défaite.

Cet instinct d'unité qui se révèle en France, dans la généralisation des systèmes, dans la méthode des livres, dans la codification, dans l'homogénéité de toutes les parties du service public, avait eu pour correctif, au dix-septième siècle, l'accord de la foi et de la raison cimenté par les Descartes, les Bossuet et les Malebranche.

Les erreurs philosophiques du siècle suivant firent dégénérer l'unité religieuse et politique en une centralisation despotique. La doctrine de l'unitarisme, prêchée par Jean-Jacques Rousseau, c'est le panthéisme passant de la sphère de la cosmogonie dans celle de l'État. Les pouvoirs locaux perdent leur individualité propre; ils ne sont que des manifestations du pouvoir central dans le sein duquel ils sont contenus, dont ils émanent et avec lequel ils se confondent en y retournant. L'école de l'unitarisme ressuscite ce Dieu gigantesque qui assume des formes variées et diverses, se développant continuellement et rentrant continuellement en lui-même.

Ces idées absolues, destructives des formes individuelles autonomes, nous sont venues de l'Orient. C'est ainsi que l'on concevait la propriété dans l'empire de Pharaon. C'est ainsi que Brahma seul subsiste véritablement; qu'il contient dans son sein tous les êtres ; qu'ils se confondent avec lui ; que toute autre existence est une pure illusion.

Nous avons cité plus haut le code de la nature écrit par Morelly. On accusera peut-être cet auteur d'exagération, comme on a en accusé Proudhon et sa célèbre maxime : *La propriété c'est le vol.* Il y a, en effet, des nuances entre les systèmes philosophiques et économiques du dernier siècle, et chacun n'est responsable que dans la limite de ses propres actes des maux imputés à la cohorte des écrivains qui ont coopéré à l'œuvre encyclopédique, véritable tour de Babel, où se produisit une nouvelle confusion des langues, source de l'anarchie intellectuelle qui nous dévore.

Mais il ne suffit pas de répudier dans ses conséquences extrêmes un système exclusif et faux. Il faut condamner dans leur principe les théories qui, sous le louable prétexte d'améliorer le sort des classes populaires, tarissent les sources de leur bien-être et les poussent à des révolutions dont elles deviennent tour à tour les instruments et les victimes ; il faut revenir aux vrais principes et sacrifier résolûment les théories sauvages qui se résument en la consécration du *droit de la force ;* il faut proclamer la doctrine sociale qu'un économiste catholique belge[1] exprime en ces termes : « L'autorité n'a d'autre mission que de régler la liberté de laquelle tout procède dans le monde, puisque rien ne s'y fait que par l'activité humaine, laquelle est essentiellement libre. À mesure que la liberté se rattache plus étroitement au Christ, qui est dans le monde la loi vivante du bien, l'action corrective de l'autorité est moins nécessaire, et la société est plus proche de cet état d'harmonie parfaite, où l'activité et la liberté se confondent dans une même pensée et poursuivent, d'un commun accord, les destinées de la société, avec la double puissance de l'unité dans l'action et de la spontanéité dans le développement des activités individuelles. »

Le grand publiciste qui avait, selon l'expression non suspecte de Voltaire, retrouvé les titres de sa patrie, avait su se tenir à distance de ces deux écueils ; il avait ouvert les voies à toutes les réformes désirables et préparé, dans les conditions de l'ordre traditionnel, les bases fondamentales de la monarchie représentative. Un sophiste éloquent lui fut préféré par des hommes plus avides de domination que de liberté, et les théories du citoyen de Genève, secondées par la corruption de la cour, par la désorganisation de tous les ordres de l'État, ont précipité la France avec un irrésistible entraînement, vers des révolutions sans issue !

[1] M. Perrin, *De la richesse des sociétés chrétiennes,* t. I, p. 170.

PARIS. — IMP. SIMON RAÇON ET COMP., RUE D'ERFURTH, 1.

www.ingramcontent.com/pod-product-compliance
Lightning Source LLC
Chambersburg PA
CBHW061625060726
47597CB00005B/1807